La herencia intelectual de España

CUADERNOS PARA LA PAZ

1ª Edición española: enero de 2022

Edición de la Federación de Familias por la Paz y la Unificación del Mundo de España
Email: administrador@unificacion.org
Web: www.unificacion.org

Publicado por la Editorial Cuadernos para la Paz
Email: cuadernosparalapaz@gmail.com

ISBN: 978-84-123590-8-4

Depósito legal: M-16128-2021

Sumario

Editorial

Agradecemos que podías tener en vuestras manos este nuevo número de la publicación de Cuadernos para la Paz.

En el mundo en que vivimos es importante vivir en el presente, planear para el futuro, pero también es bueno recordar el pasado. En esta nueva publicación compartimos con vosotros unas palabras de los fundadores de nuestro movimiento Sun Myung Moon y su esposa Hak Ja Han, y una recopilación de algunos de los pensadores y filósofos que han aportado con sus palabras al desarrollo de nuestra nación. Estamos agradecidos de poder tener a grandes personajes que han dejado su huella en la historia de España. No ha sido tarea fácil el poder elegir ya que hay otras figuras importantes. En este número os ofrecemos una selección, que esperamos que sea de vuestro agrado. Agradecemos a nuestro compañero Stefan Campillo, por su trabajo de preparación.

La verdad es la verdad, no lo que nosotros pensamos que es la verdad. Por eso es bueno reflexionar sobre lo que sabemos, o creemos conocer y contrastarlo con otras fuentes. En el mundo de hoy, muchas veces nos gusta oír lo que nos da una cierta sensación de paz, aunque no sea la verdad de los hechos. Las noticias falsas se multiplican más que las verdaderas. Nuestro deseo es de fomentar el amor por la verdad y que podamos estar orgullosos de nuestro pasado, trabajando en el presente, para construir un futuro mejor.

Con nuestros mejores saludos.

Miguel Calvis y Maryvonne Jamois

La Educación Basada en el Diosismo

14 de abril de 2002
Universidad Sun Moon, Asan, Corea
En la concesión del Doctorado Honoris Causa para el Doctor Sun Myung Moon y la Doctora Hak Ja Han Moon

Invitados del país y del extranjero, profesores, estudiantes y miembros del staff: Agradezco a Dios por haber sido galardonado con este doctorado honoris causa en la divinidad, y agradezco también porque a mi esposa, Hak Ja Han Moon, se le premia con el doctorado honoris causa en humanidades por el consenso del Consejo de la Escuela de Graduados de la Universidad Sun Moon. Los premios se llevan a cabo en este día significativo en el que el edificio principal de la Universidad Sun Moon es inaugurada.

El propósito de la educación es fomentar el amor verdadero de Dios

Como mencioné en la ceremonia de dedicación, el propósito por el cual establezco instituciones educativas es el de proveer educación para la práctica del amor verdadero, el cual es el ideal de Dios. Aunque Dios, nuestro Creador, pueda ser mostrado como absoluto, único, incambiable, eterno, omnisciente, omnipotente y demás, el amor verdadero es el atributo más importante de Dios.

El ideal del amor solo puede lograrse a través de una relación con un compañero objeto. El amor verdadero tiene esta naturaleza distintiva. Incluso Dios requiere de un compañero objeto de amor y además tiene que vivir por el bien de él. Este fue el motivo por el cual Dios, el Ser auto existente y Absoluto, creó el mundo. Todos los seres creados son los compañeros objetos del amor de Dios, directa o indirectamente. Entre ellos, los seres humanos fueron creados como Sus hijos, quienes están más cerca de Él y

quienes pueden heredar todo de Él. Para los seres humanos, Dios es el Padre Verdadero incorpóreo.

De acuerdo a sus creencias religiosas y diversas doctrinas, las personas tienen una gran variedad de formas de expresar que Dios, el Ser Causal, es el Padre Verdadero de amor verdadero. Por lo tanto, Dios es el punto central a través del cual todas las personas se pueden unir como una sola, trascendiendo nacionalidad, raza, religión, idioma y cultura.

No obstante, todas las religiones se consideran superior a las otras. Por esta razón, nosotros damos testimonio de que nos estamos hundiendo en un torbellino de guerras religiosas, tal como hemos visto en el reciente ataque terrorista sobre el World Trade

Center en los Estados Unidos y los conflictos entre Israelíes y Palestinos. Aun así, todas las religiones poseen una verdad universal, una verdad que se originó y fue establecida por el único Dios, quien nos está dirigiendo hacia una meta común. El único Dios es el Señor, quien es la meta final de todas las religiones. Por lo tanto, los creyentes religiosos tienen que hacer un esfuerzo concreto para encontrar similitudes entre sí en lugar de insistir en sus diferencias.

El valor central de la religión es el amor verdadero de Dios. El amor ver- dadero significa vivir por el bien de los demás. Significa vivir más por el bien de la familia que por el del individuo, más para la comunidad que para la familia, más para la nación que para la comunidad, más por el mundo que para la nación, más para el cosmos que para el mundo y más para Dios que para el cosmos. Cuando esto se cumple, Dios puede volver al punto de partida y vivir por el bien de los seres humanos, Sus hijos. Esta es una verdad universal. De la misma manera, las religiones tienen que conocer y comprender a otras religiones y seguir adelante viviendo por el bien de otras religiones.

Para hacer realidad un mundo de paz a través de la religión, fundé organizaciones como la Federación Interreligiosa para la Paz Mundial, la Federación Interreligiosa e Internacional para la Paz Mundial y la Asociación Mundial de Organizaciones no Gubernamentales. He estado llevando a cabo una campaña para reunir a todos los creyentes religiosos del mundo. Por otra parte, con el fin de facilitar el diálogo y la cooperación entre religiones, publiqué las Escrituras Mundiales: una Antología comparativa de textos sagrados, compilada por los esfuerzos y la colaboración de académicos representativos de las religiones del mundo. Ustedes pueden encontrar esto difícil de creer, pero en realidad estamos invirtiendo decenas y cientos de veces más en nuestro trabajo interreligioso e inter-confesional que en el presupuesto para la Iglesia de Unificación.

Por otra parte, Dios es el punto de partida y el origen de todos los acercamientos al conocimiento que expresa la verdad. Antes de enseñar a sus estudiantes acerca de los valores materiales, vitales para el mundo secular, la Universidad Sun Moon inculca la actitud de amar a Dios. Los profesores deben enseñar y los estudiantes tienen que aprender con una actitud y comprensión de que Dios es la fuente de todas las enseñanzas, de los valores y de la verdad.

El ideal de la educación en la Universidad Sun Moon, expresado en su lema "Ama a Dios", se refiere al establecimiento de los valores absolutos enraizados en el amor de Dios y a la práctica de los mismos en la vida diaria. La sociedad contemporánea es rampante con respecto al materialismo, al ateísmo y a los valores laicos que promueven el hedonismo. Es una sociedad confusa y destructiva para los valores verdaderos. El lema "Ama a Dios" propone que los valores sean centrados en Dios, como una alternativa a los valores degenerados de la sociedad contemporánea. En resumen, es la enseñanza del Diosismo.

Practicando el amor verdadero de Dios en Corea del Norte

A finales de 1991, mi esposa y yo fuimos a Corea del Norte por invitación del Presidente Kim Il Sung. Tengan en cuenta que solo unos pocos años antes de mi visita a Corea del Norte la KGB, el Comité de Seguridad del Estado de la Unión Soviética y los grupos terroristas comunistas estaban maniobrando para eliminarme debido a mi posición como un líder religioso y preeminente líder global de Victoria Sobre el Comunismo. Por lo tanto, entrar en la tierra controlada por el Estado de Corea del Norte era en sí mismo una proposición de vida o muerte.

Sin embargo, la reunión con Kim Il Sung era absolutamente necesaria para el propósito de atender y resolver la cuestión de la unificación. Debido a que sabía que esto era un requisito providencial, el cual yo necesitaba hacerle frente tarde o temprano en la historia de la providencia de Dios, entré a Corea del Norte dependiendo solamente de Dios. Yo no fui a Corea del Norte para llevar a cabo un negocio conjunto. Más bien, mi esposa y yo entramos a esa nación de manera digna, con corazones compasivos como los Padres Verdaderos de la humanidad. Con el fin de realizar la preciada esperanza de Dios por la unificación de Corea del Norte y del Sur, teníamos que amar a las personas de Corea

del Norte más que a nadie.

En este espíritu, le propuse al líder supremo de Corea del Norte que "la unificación no se puede lograr a través de la ideología Juche. Unámonos a través Diosismo, por el cual Corea del Norte y del Sur pueden vivir juntos". Más tarde me enteré que las personas que me acompañaban estaban pensando: "Esto es todo. ¡No hay manera alguna de que regresemos con vida!".

Un año antes de eso, yo ya había declarado la Voluntad de Dios a riesgo de mi vida en el momento en que visité la Unión Soviética y me reuní con Mijaíl Gorbachov. Consideré que mi vida era secundaria al defender y seguir el decreto y la Voluntad del Cielo.

El Diosismo del que estoy hablando no es mi opinión personal, la cual cada uno tiene el lujo de aceptar o rechazar. Dios está vivo y

lleva a cabo Su obra. Alejarse de Él y propagar estas enseñanzas falsas como el ateísmo, el materialismo y la ideología Juche, es oponerse al sendero Celestial. Tales enseñanzas falsas se desvanecerán en la historia. Solo la justicia, la verdad y el sendero Celestial prevalecerán. En este sentido, solo el Diosismo, el cual tiene sus raíces en el amor verdadero de Dios, puede ser la base para la unidad.

La ciencia y la tecnología deben estar enraizadas en valores absolutos

Esta también es la razón por la cual he estado promoviendo y llevando a cabo la Conferencia Internacional sobre la Unidad de las Ciencias. ¿Por qué otra razón he reunido a estudiosos de renombre mundial, entre ellos a premios Nobel, bajo mis auspicios? ¿Por qué he estado promoviendo esta conferencia internacional años tras año, a pesar de su presupuesto exorbitante?

La ciencia y la tecnología, las cuales se desarrollaron a un ritmo increíble en el siglo XX, han permitido a las personas disfrutar de una vida abundante. Por otro lado, la aplicación de la ciencia también ha dañado nuestro medio ambiente y ha permitido el desarrollo de armas de destrucción masiva, proyectando una sombra oscura sobre todos. Cuando la ciencia y la tecnología se utilizan con motivos egoístas se transforman en armas letales que pueden destruir a la humanidad.

Las personas creyeron firmemente en la razón científica, pero fueron horrorizados por la barbarie desplegada a causa del mal uso de la tecnología durante las dos guerras mundiales. Por lo tanto, su fe en la razón científica se desplomó. Por otra parte, en la sociedad industrializada contemporánea las personas se han convertido en esclavas de la civilización materialista. Todos estos fenómenos son consecuencias del mal uso de la ciencia. La ciencia no es una disciplina libre de valores, como a la mayoría de los científicos les gusta pensar. Más bien, la ciencia es una disciplina orientada a los valores, la cual debe ser utilizada correctamente para la humanidad.

Cada vez que organizamos una reunión de la Conferencia Internacional sobre la Unidad de las Ciencias, establezco el tema en torno al tópico de la investigación de los valores absolutos. Los valores absolutos que propongo se originan en el amor verdadero de Dios, lo cual es la base del Diosismo. Dios, quien creó el universo y todas las cosas en él, es el científico supremo de todos los científicos y el Artista Supremo de todos los artistas. Si los científicos se vuelven arrogantes o engreídos, debido a que conocen una pequeña fracción de los hechos acerca del universo y de todas las cosas en él creadas por Dios, claramente están deshonrándose a sí mismos y a Dios.

Por lo tanto, el objetivo de los científicos no debe estar limitado por los estrechos campos de la física, la química, la biología o de otras disciplinas. Por supuesto, los detalles del campo en el que cada uno se especializa son importantes. Sin embargo, tenemos que llevar a cabo la investigación académica a través de relaciones de colaboración, de esa manera el trabajo puede ser complementario y luego dedicar los resultados de nuestra investigación a un propósito noble.

Es posible que la ciencia pueda conducirse de forma incorrecta cuando esta se convierte en un fin en sí misma y no es un medio para un fin mayor. Por lo tanto, los científicos deben vincular sus logros académicos a los demás campos. Además, tienen que evaluar el uso y finalidad de sus logros en el contexto de la sociedad en su conjunto. En este sentido, puedo afirmar con seguridad que la Conferencia Internacional sobre la Unidad de las Ciencias es la conferencia internacional más prestigiosa, y que ha dado pasos significativos en la sociedad contemporánea.

La única enseñanza aceptable es una la cual puede llevar con eficacia al mundo hacia un futuro civilizado. Tiene que ser una filosofía fundada en el redescubrimiento del Dios viviente, a quien la civilización moderna ha perdido. Tiene que estar enraizada en valores absolutos centrados en Él. La civilización occidental ha hecho hincapié en la racionalidad humana hasta tal punto que se sumergen en el humanismo y a tal punto que han perdido a Dios. La filosofía del materialismo ha exiliado a Dios. Pensando que se liberaron de Dios, las personas en realidad han descendido a la adoración de los ídolos materialistas. La libertad sin Dios no es una libertad verdadera. Antes que nada, la tarea más urgente en este momento es la de introducir nuevos valores fundados en Dios en el nivel de enseñanza universitario. Por otra parte, tenemos que saber que existe el mundo de la esencia original; es decir, el mundo ideal del espíritu más allá del mundo presente. A pesar de que no puede ser percibido por los cinco sentidos, es un mundo sustancial que existe más allá de cualquier duda.

Estoy hablando de una realidad que he experimentado personalmente. Me he comunicado con el mundo espiritual en muchas ocasiones. Este es otro campo académico que necesita ser estudiado, para que podamos tener una comprensión correcta de Dios y del mundo espiritual. El siglo XXI será una época en la que seremos cada vez más capaces de experimentar y ver el mundo de los espíritus y los fenómenos espirituales. Creo que la clave para una verdadera educación universitaria para las personas en todos los ámbitos de la educación y el aprendizaje es confiar en Dios, el último Ser sujeto, y formar una conexión con Él. El requisito principal para una universidad la cual liderará a la civilización mundial es que se trabaje para establecer un sistema de valores absolutos fundamentados en Dios.

Es inaceptable que la educación siga siendo simplemente un proceso de transmisión de conocimientos y habilidades. Por lo menos el desarrollo de la moral, la ética y la conciencia tienen que ser el eje principal en el centro de toda la educación superior. Por lo tanto, la educación verdadera no tiene que ver con la producción en masa de intelectuales o técnicos calificados. La educación puede ser verdaderamente significativa solo cuando se promueve la madurez del carácter y la moral responsable.

Espero y oro para que la Universidad Sun Moon se convierta en una universidad que pueda contribuir en gran medida a este país y a la civilización humana mediante la aplicación de una filosofía educativa basada en el Diosismo.

Muchas Gracias.

La herencia intelectual de España

SÉNECA

Nace: 4 a.C. - Muere: 65 d.C.

Lucio Anneo Séneca, intelectual y político romano nacido en Corduba (actual Córdoba). Sus obras destacaron por su carácter moralista, siendo uno de los principales representantes del estoicismo romano. Tuvo una importante carrera política que le llevó hasta lo más alto ocupando diversos puestos destacados, llegando a ser una de las figuras más cercanas al emperador Nerón, situación que provocaría su muerte al final.

Séneca nació en Hispania, que por aquel entonces era una provincia plenamente romanizada, en el seno de una familia de la alta sociedad hispanorromana. Su padre era un famoso orador, mientras que sus hermanos tuvieron éxito en la política y en las finanzas. De su juventud no se sabe gran cosa salvo lo poco que dejó escrito él mismo sobre sí mismo.

Pasó su juventud en Roma con unos parientes acaudalados. Allí empezó su formación profesional e intelectual. Se inició en el arte de la retórica y tomó contacto con el estoicismo. Posteriormente se mudó a Alejandría con sus parientes. En esta ciudad continuaría con su formación estudiando administración, finanzas, geografía, etnografía y ciencias naturales. Si bien conoció y se sintió atraído en este lugar por los cultos orientales de Isis y Serapis y el misticismo pitagórico, se inclinaría finalmente por el estoicismo. Una vez de vuelta en Roma en el año 31 siguió formándose en gramática, retórica y filosofía.

En esta ciudad comenzaría su carrera política siendo nombrado Cuestor (magistrado que se encargaba de la administración del erario público y de la recaudación de impuestos). Seis años después era ya considerado uno de los mejores oradores del Senado, levantando las envidias de muchos rivales políticos, especialmente la del recién nombrado emperador Calígula. Su vida corrió peligro con este emperador. La tradición cuenta que Calígula ordenó su muerte, librándose gracias a una mujer cercana al emperador que le convenció de la inutilidad de la orden con el falso pretexto de que Séneca ya estaba sentenciado pues padecía tuberculosis. Esto le salvó la vida, aunque se retiró de la vida pública.

En el año 41 Calígula moría siendo sucedido por el emperador Claudio, hombre que también sentía hostilidad por Séneca ordenando su destierro a Córcega. Durante este exilio que duró 8 años escribió varias obras en las que se ve claramente su postura estoica. El estoicismo es una escuela de filosofía helenística que floreció en mundo grecorromano hasta el siglo III d.C. El estoicismo es predominantemente una filosofía de la ética personal que está formada en un sistema de lógica y puntos de vista sobre el mundo natural. De acuerdo con sus enseñanzas, como seres sociales, el camino hacia la felicidad para los seres humanos se encuentra en aceptar este momento tal como se presenta, al no dejarse controlar por nuestro deseo de placer o nuestro miedo al dolor, utilizando nuestras mentes para entender el mundo que nos rodea y hacer nuestra parte en el plan de la naturaleza, y trabajando juntos y tratando a los demás de una manera justa.

En el año 49 volvería a Roma tras obtener el perdón imperial siendo nombrado pretor de la ciudad y tutor del heredero del imperio, el joven Nerón. En el año 54 el emperador Claudio moría asesinado siendo sucedido por Nerón que contaba por aquel entonces con 17 años. Séneca se convertiría así en una de las figuras más poderosas del imperio. De hecho, junto con el oficial Sexto Afranio Burro, gobernaría de facto el imperio. Los historiadores señalan el gobierno de estos ocho años como uno de los más justos que hubo en Roma: bajadas de impuestos, persecución de la corrupción, expediciones científicas, pacificación de la frontera con Armenia.

Según crecía el emperador Nerón, éste se volvió más cruel y menos receptivo con los consejos de Séneca que le recomendaba mesura y control sobre sus pasiones. Séneca fue víctima de sus rivales políticos provocando su caída. Rogó al emperador retirarse de la vida pública, cosa que le fue concedida. En su retiro escribió varias obras importantes, destacando *Cartas a Lucilo*, prototipo de ensayo. Finalmente Nerón le acusó en el año 65 de formar parte de un complot contra él sentenciándolo a muerte. Siendo Séneca un patricio, la sociedad romana esperaba que alguien de su categoría se suicidara antes que permitir ser asesinado, cosa que finalmente hizo, al igual que su esposa, sus hermanos y su sobrino.

Su obra fue admirada desde el primer momento siendo una gran influencia para muchos pensadores europeos de todas las épocas como San Agustín, Calvino, Erasmo de Rotterdam, Rousseau, Quevedo, Petrarca, Balzac, etc.

Seneca fue apreciado por los Padres de la Iglesia, Tertuliano lo llamaba *saepe noster* "uno de los nuestros" debido a la compatibilidad entre sus escritos y la doctrina cristiana. Se dijo incluso que se convirtió al cristianismo en la hora de su muerte. Esto se debe a que San Pablo conoció a su hermano Galión, el gobernador de Acaya que declinó ejercer su jurisdicción sobre San Pablo enviándolo a Roma con quien mantendría correspondencia.

Aunque no aportó casi novedades a la filosofía estoica, sí que supo hacerla mucho más asequible y popular a la gente. Su defensa de la igualdad de los hombres, de la dignidad del hombre, de cómo mediante la sobriedad y la moderación se consigue la felicidad sigue teniendo eco a día de hoy.

Séneca nunca escribió una obra en la que expresara todo su pensamiento sino que se puede ver repartido en sus obras que se dividen en cuatro grupos: epigramas, tragedias, diálogos morales y cartas.

Entre sus obras cabe destacar el diálogo *Sobre la ira*, dedicado a su hermano en donde se trata sobre cómo mitigar la ira, *Sobre la providencia*, dedicado a su sobrino y *De la consolación*, uno de los más exquisitos, dedicado a su madre. En *Sobre la Providencia* explica por qué no debemos considerar los males que nos pasan como una desgracia, sino que debemos considerarlos como algo útil desde una perspectiva individual en primer lugar, y después como un bien para todos en general.

Selección de textos:

-Sobre la felicidad. Capítulo 3, La felicidad verdadera.

Busquemos algo bueno, no en apariencia, sino sólido y duradero, y más hermoso por sus partes escondidas; descubrámoslo. No está lejos: se encontrará; sólo hace falta saber hacia dónde extender la mano; mas pasamos, como en tinieblas, al lado de las cosas, tropezando con las mismas que deseamos. Pero para no hacerte dar rodeos, pasaré por alto las opiniones de los demás, pues es cosa larga enumerarlas y refutarlas; oye la nuestra. Cuando digo la nuestra, no me apego a ninguno de los maestros estoicos: también yo tengo derecho a opinar. Por tanto, seguiré a alguno, pediré a otro que divida su tesis, tal vez después de haberlos citado a todos no rechazaré nada de lo que decidieron los anteriores, y diré: "Esto opino también". Por lo pronto, de acuerdo en esto con todos los estoicos, me atengo a la naturaleza de las cosas; la sabiduría consiste en no apartarse de ella y formarse según su ley y su ejemplo.

La vida feliz es, por tanto, la que está conforme con su naturaleza, lo cual no puede suceder más que si, primero, el alma está sana y en constante posesión de su salud; en segundo lugar, si es enérgica y ardiente, magnánima y paciente, adaptable a las circunstancias, cuidadosa sin angustia de su cuerpo y de lo que le pertenece, atenta a las demás cosas que sirven para la vida, sin admirarse de ninguna; si usa de los dones de la fortuna, sin ser esclava de ellos. Comprendes, aunque no lo añadiera, que de ello nace una constante tranquilidad y libertad, una vez alejadas las cosas que nos irritan o nos aterran; pues en lugar de los placeres y de esos goces mezquinos y frágiles, dañosos aún en el mismo desorden, nos viene una gran alegría inquebrantable y constante, y al mismo tiempo la paz y la armonía del alma, y la magnanimidad con la dulzura, pues toda ferocidad procede de debilidad.

-De la divina providencia. Capítulo 4.

Eres grande varón? ¿De dónde me consta si no te ha dado la fortuna ocasión con que ostentar tu virtud? Viniste a los Juegos Olímpicos y en ellos no tuviste competidor: llevarás la corona olímpica, pero no la victoria. No te doy el parabién como a varón fuerte: Te le doy como al que alcanzó el consulado o el corregimiento con que quedas acrecentado. Lo mismo puedo decir al varón bueno, si algún dificultoso caso no le dio ocasión en que poder demostrar la valentía de su ánimo. Te juzgo por desgraciado si nunca lo fuiste: pasaste la vida sin tener contrario; nadie (ni aun tú mismo) conocerá hasta dónde alcanzan tus fuerzas; porque para tener noticia de sí es necesaria alguna prueba, pues nadie alcanza a conocer lo que puede sino es probándolo.

Por lo cual hubo algunos que voluntariamente se ofrecieron a los males que no les acometían, y buscaron ocasión para que la virtud que estaba escondida resplandeciese. Te digo que los grandes varones se alegran algunas veces con las cosas adversas, no de otra manera que los grandes soldados con el triunfo. Los varones militares se glorían de las heridas y ostentan alegres la sangre que por la mejor causa corre. Y aunque hagan lo mismo los que sin heridas vuelven de la batalla, con mayor atención se ponen los ojos en el que viene estropeado. Te digo de verdad, que Dios hace el negocio de los que desea perfectos siempre que les da materia de sufrir fuerte y animosamente alguna cosa en que haya dificultad. Al piloto conocerás en la tormenta, y al soldado en la batalla

-De la pobreza.

Epicuro dijo que la honesta pobreza era una cosa alegre; y debiera decir que siendo alegre, no es pobreza; porque el que con ella se aviene bien, ese solo es rico, y no es pobre el que tiene poco, sino el que desea más; pues aprovecha poco al rico lo que tiene encerrado en el arca y en los graneros, los rebaños de ganado y la cantidad de censos, si tras eso anhela lo ajeno, y si tiene el pensamiento, no sólo en lo adquirido, sino en lo que codicia adquirir. Me preguntas cuál será el término de las riquezas. Lo primero es tener lo necesario, y lo segundo poseer lo que basta. No habrá quien goce de vida tranquila mientras cuidare con demasía de aumentar su hacienda, y ninguna aprovechará al que la poseyere, si no tuviere dispuesto el ánimo para la pérdida de ella. Por ley de naturaleza se debe juzgar rico el que goza de una compuesta pobreza, pues ella se contenta con no padecer hambre, sed, ni frío.

QUINTILIANO

Nace: 35 - Muere: 95

Marco Fabio Quintiliano fue un retórico y pedagogo hispanorromano nacido en Calagurris Nassica Iulia (actual Calahorra). Su padre, un hombre bien educado, lo envió a Roma para estudiar retórica a principios del reinado de Nerón . Mientras estuvo allí, aprendió elocuencia con Domitius Afer, y literatura y cultura general con Remio Palemón y Servilio Nonanio. Quintiliano adoptó a Afer como su modelo escuchándole hablar y alegar casos en los tribunales. Afer se ha caracterizado como un orador más austero, clásico, ciceroniano que el resto de los oradores del momento como Séneca , habiendo inspirado el amor de Quintiliano por Cicerón.

Algún tiempo después de la muerte de Afer ocurrida en el año 59, Quintiliano regresó a Hispania, posiblemente para practicar el derecho en los tribunales de su propia provincia. Sin embargo, en el año 68, regresó a Roma como parte del séquito del emperador Galba , el sucesor de corta duración de Nerón. Quintiliano no parece haber sido un consejero cercano del emperador, cosa que probablemente aseguró su supervivencia después del asesinato de Galba en el año 69.

Después de la muerte de Galba, y durante el año caótico de los cuatro emperadores que siguieron, Quintiliano abrió una escuela pública de retórica . Entre sus estudiantes estaban Plinio el Joven , y tal vez Tácito. El emperador Vespasiano le hizo cónsul. El emperador en general no estaba especialmente interesado en las artes, pero estaba interesado en la educación como medio de crear una clase dominante inteligente y responsable. Este subsidio permitió a Quintiliano dedicar más tiempo a la escuela, ya que le liberó de apremiantes preocupaciones monetarias. Además, se presentó en los tribunales de justicia, defendiendo a sus clientes.

De su vida personal, poco se sabe, se dice que tuvo una esposa y dos hijos que fallecieron a una edad temprana. Quintiliano se retiró de la enseñanza y la abogacía en el año 88, durante el reinado de Domiciano . Su retiro pudo haber sido incitado por su seguridad financiera. Quintiliano sobrevivió a varios emperadores; los reinados de Vespasiano y Tito eran relativamente pacíficos, pero el de Domiciano fue duro. La crueldad y la paranoia de Domiciano pudieron haber llevado al retórico a distanciarse en silencio. El emperador no parece haberse ofendido ya que nombró a Quintiliano tutor de sus dos sobrinos en el año 90. Se cree que ha murió en algún momento alrededor del año 100, no sobrevivió durante mucho tiempo a Domiciano, que fue asesinado en el año 96.

El único trabajo existente de Quintiliano es un libro de texto de doce volúmenes en la retórica titulada Institutio Oratoria publicado en torno al año 95. Este trabajo se ocupa no sólo con la teoría y la práctica de la retórica, sino también con la educación y el desarrollo del orador mismo. En este trabajo, Quintiliano establece que el orador perfecto es primero un hombre bueno, y después de eso es un buen orador. Él también creyó que un discurso debe ser genuino, justo y honorable. Esto llegó a ser conocido como su teoría del buen hombre. Lo que abrazaría el mensaje de que si uno no puede ser genuinamente bueno, entonces uno no puede ser un buen orador para el pueblo. Esta teoría trata sobre el ser del bien y del servicio al pueblo. Ser bueno es dar a la gente para que pueda prosperar y ayudar a la sociedad y tener una mejor coherencia.

Había trabajado al lado de Domiciano, pero cuando empezó a escribir más y alejarse del poder, el emperador no parecía importarle, ya que estaba tan impresionado con Quintiliano que lo contrató para ser un tutor para su familia debido a la devoción de Quintiliano a la educación. Casi nadie tuvo el valor de hablar ninguna idea que fuera diferente a la del emperador durante su reinado, pero Quintiliano sí.

Para Quintiliano el aprendizaje es algo natural en el hombre desde el momento en que nace por lo que la educación era un derecho universal para él. Fue de los primeros en señalar la enorme responsabilidad que tiene el educador con sus alumnos. Los educadores tenían que poner todo su empeño en la educación de los niños desde una edad muy temprana. Y tenían que hacerlo de manera que despertara la atención del niño, no había nada peor para la formación de un niño que sus estudios sean un tedio. Recalcó que cada alumno tiene aspiraciones, habilidades e intereses distintos y el deber del educador es dirigirlos por esos caminos y superar sus límites. Defendió el uso de la competitividad entre los estudiantes, pero eliminando el sentimiento de fracaso por no conseguir siempre el primer puesto. El educador, decía Quintiliano, tenía que ser paciente y constante con la educación de los jóvenes, no podía exigirles desde el principio cosas extraordinarias ya que si no, podía generar en ellos el sentimiento de aborrecimiento de los estudios.

Selección de textos:

-Instituciones oratorias. Libro 1, capítulo 1.

Nacido el hijo, conciba el padre las mayores esperanzas de él, pucs así pondrá mayor esmero desde el principio. Porque es falsa la queja de que son muy raros los que pueden aprender lo que se les enseña y que la mayor parte por su rudeza pierden tiempo y trabajo; pues hallaremos por el contrario en los más facilidad para discurrir y aprender de memoria, como que estas dos cosas le son al hombre naturales. A la manera que la naturaleza crió para volar a las aves, a los caballos para la carrera y para embravecerse a las fieras, no de otra suerte nos es peculiar a los hombres el ejercicio y perspicacia del entendimiento, por donde tenemos al origen del alma por celestial. El nacer algunos rudos e incapaces de enseñanza, tan contra lo natural es como lo son los cuerpos gigantescos y monstruosos, que son muy raros. Prueba es que en los niños asoman esperanzas de muchísimas cosas; las que si se apagan con la edad, es claro que faltó el cuidado, no el ingenio. Vengo bien en que uno aventaje en el ingenio a otro; pero esto será para hacer más o menos; mas no se encontrará ni uno solo en quien no se consiga algo a fuerza de estudio. El padre que reflexione esto muy bien, ya desde el principio aplicará el mayor cuidado para lograr las esperanzas del que se va proporcionando para la oratoria.

-Instituciones oratorias. Libro 12, capítulo 1.

El orador, pues, para cuya instrucción escribo, debe ser como el que Catón define: Un hombre de bien instruido en la elocuencia. Pero la primera circunstancia que él puso, aun de su misma naturaleza, es la mejor y la mayor; esto es, el ser un hombre de bien; no tan solamente porque si el arte de decir llega a instruir la malicia, ninguna cosa hay más perjudicial que la elocuencia, ya en los negocios públicos y ya en los particulares, sino porque yo mismo, que en cuanto está de mi parte me he esforzado a contribuir en alguna cosa a la elocuencia, haría también el más grave perjuicio a la humanidad disponiendo estas armas, no para un soldado, sino para algún ladrón. ¿Pero qué digo de mí mismo? La misma naturaleza, principalmente en aquello que parece concedió al hombre y con lo que nos distinguió de los demás animales, no hubiera sido madre, sino madrastra, si nos hubiera proporcionado la elocuencia para que fuese compañera de los delitos, contraria a la inocencia y enemiga de la verdad. Porque mejor hubiera sido nacer mudos y carecer de toda razón que emplear en nuestra propia ruina los dones de la Providencia.

Más adelante pasa mi modo de pensar. Porque no solamente digo que el que ha de ser orador es necesario que sea hombre de bien, sino que no lo puede ser sino el que lo sea. Porque en la realidad no se les ha de tener por hombres de razón a aquéllos que habiéndose propuesto el camino de la virtud y el de la maldad, quieren más bien seguir el peor; ni por prudentes a aquéllos que no previendo el éxito de las cosas, se exponen ellos mismos a las muy terribles penas que llevan consigo las leyes y que son inseparables de la mala conciencia. Y si no solamente dicen los sabios, sino que también la gente vulgar ha creído siempre que ningún hombre malo hay que al mismo tiempo no sea necio, cosa clara es que ningún necio podrá jamás llegar a ser orador.

Júntese a esto que un alma que no esté libre de todos los vicios no puede dedicarse al estudio de una facultad la más excelente.

Lo primero, porque las cosas buenas y las malas no pueden hallarse juntas en un mismo corazón, y no es menos imposible a un alma sola pensar a un mismo tiempo lo mejor y lo peor, que a un mismo hombre el ser a un mismo tiempo bueno y malo. Lo segundo también, porque es preciso que el alma que está ocupada en cosa de tanta consideración, esté desocupada de todos los cuidados, aun de los indiferentes. Porque al cabo, de esta manera, no teniendo motivo para distraerse ni inclinarse a otra cosa, libre y desembarazada, atenderá solamente a aquello a que se dedica.

MARCIAL

Nace: 35 - Muere: 95

Marco Valerio Marcial originario de Augusta Bilbilis (actual Calatayud) mejor conocido por sus doce libros de epigramas. En estos poemas cortos, ingeniosos él satiriza la vida de la ciudad y de sus personajes. Escribió un total de 1.561 epigramas. Marcial ha sido llamado el mayor epigramatista latino y es considerado el creador del epigrama moderno .

Lo que se sabe de sus orígenes y de sus primeros años se deriva casi enteramente de sus obras. Su lugar de nacimiento fue Augusta Bilbilis en Hispania. Sus padres, Fronto y Flaccilla, parecen haber muerto en su juventud. Su nombre parece implicar que él nació ciudadano romano, pero habla de sí mismo como "hijo de celtas e iberos, y un compatriota del Tajo". Fue educado en Hispania, una parte del Imperio Romano que en el siglo I produjo varios escritores latinos notables, incluyendo Séneca el Viejo y Séneca el Joven, Lucano y Quintiliano.

El éxito de sus compatriotas pudo haber sido lo que motivó a Marcial a trasladarse a Roma una vez que hubiera terminado su educación en el año 64. No se sabe mucho de los detalles de su vida durante los primeros veinte años después de su llegada a Roma. Su formación literaria maduró a través del tiempo y de las experiencia y con el tiempo ganado el conocimiento de esa vida social que era su tema y su inspiración; muchos de sus mejores epigramas están escritos en el crepúsculo de su vida. Hizo muchos amigos influyentes y patronos y se aseguró el favor tanto de

Tito como de Domiciano. De ellos obtuvo varios privilegios, entre otros el *semestris tribunatus* , que le confería rango ecuestre.

La más antigua de sus obras existentes, conocido como *Liber spectaculorum* , fue publicada por primera vez en la apertura del Coliseo en el reinado de Tito en el año 80. El favor del emperador le ayudó a conocer a las peores personas que frecuentaban la corte imperial sobre las cuales satirizó a menudo, especialmente Crispinus, responsable del exilio de Juvenal. Desde ese momento hasta su regreso a Hispania en el 98 publicó un volumen casi cada año, siendo en total doce.

Estos doce libros describen el modo de vida ordinario de Marcial. Su hogar durante treinta y cinco años fue el bullicio de la Roma metropolitana. Vivía al principio en una buhardilla que daba a los laureles frente al pórtico de Agripa. Tenía una pequeña villa y una granja improductiva cerca de Nomentum, en el territorio sabino, a la que ocasionalmente se retiraba de la pestilencia y de los ruidos de la ciudad. En sus últimos años tuvo también una pequeña casa en el Quirinal , cerca del templo de Quirinus.

En el momento en que se sacó su tercer libro, se había retirado por un corto tiempo a la Galia Cisalpina, cansado de la poca renta que conseguía en Roma. Durante un tiempo parece haber sentido el encanto de los nuevos logares que visitó, y en un libro posterior contempló la posibilidad de retirarse al barrio de Aquileia y el Timavus. Pero el hechizo ejercido sobre él por Roma y la sociedad romana era demasiado grande.

Su salida definitiva de Roma fue motivada por el enorme cansancio de las cargas que le imponía su posición social, y al parecer por las dificultades para cubrir los gastos ordinarios de vivir en la bulliciosa metrópoli.

Durante su vida en Roma, aunque nunca se elevó a una posición de independencia real, y tenía siempre estrecheces económicas, parece que fue muy conocido por todos, especialmente entre los literatos. Además de Lucano y Quintiliano, contó entre sus múltiples amigos o conocidos más íntimos Silio Itálico, Juvenal y Plinio el Joven.

Marcial dependía de sus ricos amigos y patrones que le daban, cena, e incluso ropa, aunque la relación de cliente y patrón era reconocida como honorable por las mejores tradiciones romanas. No sentían culpa alguna Virgilio ni Horacio por los favores que recibían de Augusto y Mecenas. En su carrera anterior solía acompañar a sus patrones a sus villas en Baiae o Tibur.

Plinio el Joven , en el breve tributo que escribió al enterarse de su muerte, dijo: *"Tenía tanta buena naturaleza como ingenio y era punzante en sus escritos"* . Marcial admiraba el honor y la lealtad de la gente. Algunos le reprocharon su aparente servil adulación hacia muchos emperadores que tuvieron fama de malos, emperadores que más tarde Marcial censuraría inmediatamente después de sus muertes.

Aunque muchos de sus epigramas indican una cínica incredulidad en el carácter de las mujeres, otros demuestran que podía respetar y casi reverenciar a una dama refinada y cortés. Su propia vida en Roma no le proporcionaba ninguna experiencia de virtud doméstica; pero sus epigramas muestran que la virtud fue reconocida como la más pura fuente de felicidad.

La aguda curiosidad y el poder de observación de Marcial se manifiestan en sus epigramas. El interés literario duradero de los epigramas de Marcial surge tanto de su calidad literaria como de las referencias coloridas a la vida humana que contienen. Sus epigramas dan vida al espectáculo y brutalidad de la vida cotidiana en la Roma imperial, con la que estaba íntimamente conectado.

Selección de epigramas:

-La vida vuela: ¡vive hoy!

¡Oh mi querido Julio, a quien debo recordar sin posponerte ni a uno

solo de mis amigos, si de algo valen la fidelidad prolongada y los inveterados derechos! Se te viene encima tu sexagésimo cónsul y tu vida apenas cuenta unos pocos días. No harás bien en diferir lo que veas que se te puede negar, y piensa que solamente es tuyo lo que lo ha sido. Te aguardan preocupaciones y trabajos en cadena; los gozos no permanecen, sino que huyen volando. Aprésalos con ambas manos y con toda la fuerza de tus brazos, incluso así las más de las veces se nos escapan del seno. Créeme, no es propio de sabios el decir: "viviré"; la vida de mañana es demasiado tardía: ¡vive hoy!

-La tos que se lleva los dientes

Si bien recuerdo, Elia, tenías cuatro dientes: una tos escupió dos y otra los otros dos. Ya puedes toser sin cuidado los días enteros: una tercera tos no tiene ahí nada que hacer.

-Dos buenos hermanos

Si a ti, Lucano, o a ti, Tulo, se os concedieran los destinos que tienen los lacedemonios hijos de Leda, surgiría entre vosotros dos una noble rivalidad de amor fraterno, porque uno y otro querríais morir antes por el hermano, y el que hubiera llegado primero a las sombras infernales, diría: "Vive, hermano, tu tiempo y el mío".

-Además de plagiario, mal recitador

El libro que recitas, Fidentino, es mío; pero cuando lo recitas mal, empieza a ser tuyo.

-Novio interesado

Gemelo pide en matrimonio a Maronila, y la desea y la acosa y le suplica y le ofrece regalos. —¿Tan guapa es? —Ca, no hay cosa más fea. —¿Qué busca, pues, y le agrada tanto en ella? —Es tísica.

-Borracha disimulada

Para no oler demasiado, Fescennia, cargada del vino de ayer, de-

voras con avaricia , refinada tú, pastillas perfumadas. Estos desayunos limpian los dientes, pero no son ningún obstáculo cuando brota un eructo del fondo de las tripas. ¿Y qué si huele peor el matarratas mezclado con el pachulí y el doble pestazo de tu aliento llega más lejos? Por tanto, déjate ya de trucos tan conocidos y triquiñuelas evidentes y preséntate borracha simplemente.

-Lento como él solo

Mientras el barbero Eutrapelo repasa la cara de Luperco y le depila las mejillas, le crece una segunda barba

-Selio cena en su casa

Que ves, Rufo, a Selio con semblante sombrío; que, deambulando, se patea el pórtico a deshora; que algo lúgubre esconde su rostro apesadumbrado; que su desmesurada nariz casi toca el suelo; que se golpea el pecho con la diestra y se mesa los cabellos, no lamenta él la muerte de un amigo o de un hermano: sus dos hijos viven y pido a los dioses que vivan; bien se encuentra su mujer, sus bienes y sus esclavos, nada le han robado su aparcero ni su granjero. —¿Cuál es, pues, la causa de su tristeza? —Que cena en su casa.

-No te pido consejos, sino dinero

Pedía yo por casualidad un préstamo de veinte mil sestercios, que aunque me lo hubiera regalado, no le resultaba gravoso. Y es que se lo pedía a un rico y viejo amigo y cuya arca apalea riquezas de sobra. El tal me dijo: "Serás rico, si defiendes pleitos". Dame lo que te pido, Gayo, ¡no te pido consejo!

-¿Qué haces?

En cualquier lugar que me encuentres, Póstumo, en seguida me llamas a gritos y tu primera palabra es ésta: "¿Qué haces?". Esto me dices, aunque me encuentres diez veces en una hora. Sospecho, Póstumo, que tú no tienes nada que hacer.

-¡Pero si eres más feo que Picio!

Dices que bellas muchachas están enardecidas en tu amor; ¡pero, Sexto, si tienes una cara como la del que nada por debajo del agua!

-Lo que el poeta anhela

Quintiliano, supremo moderador de la voluble juventud, Quintiliano, gloria de la elocuencia romana, si me empeño en vivir, siendo pobre y todavía no impedido por los años, perdóname: nadie se empeña lo bastante en vivir. Déjelo para más tarde el que desea superar el censo de su padre y atesta sus atrios de bustos colosales de sus antepasados: a mí me encanta un hogar y unos techos que no repugnen ennegrecerse de humo, una fuente de agua viva y el rústico césped. Que mi esclavo esté bien nutrido, que mi esposa no sea demasiado letrera, que mis noches sean con sueño, que mis días pasen sin pleitos

-El mal aliento

¿Te admiras de que le huela mal la oreja a Mario? La culpa es tuya: le cuchicheas, Néstor, al oído.

Moderato de Cádiz

Siglo I

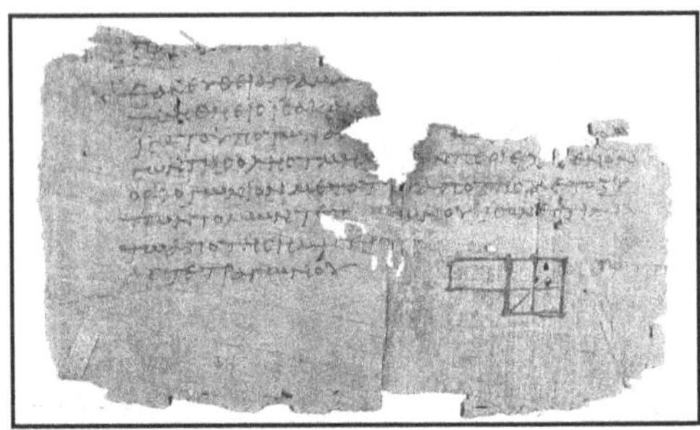

Moderato de Cádiz fue un filósofo hispanorromano de la escuela neopitagórica, que vivió en el siglo I. Escribió una gran obra sobre las doctrinas de los pitagóricos, y trató de demostrar que los sucesores de Pitágoras no habían hecho adiciones a las opiniones de su fundador, sino que simplemente habían prestado y alterado la fraseología.

Moderato se nos ofrece de entrada en el plano biográfico, como un filósofo de renombre, pero asimismo, como un precursor del neoplatonismo plotiniano. Plutarco de Queronea en sus *Charlas de sobremesa* cuando se refiere al significado de algunas prescripciones domésticas pitagóricas, como las prohibiciones de acoger golondrinas en la casa y de comer habas, o el precepto de borrar la huella dejada en la ceniza por una olla, hace intervenir en la conversación a Lucio, etrusco de origen y pitagórico estricto, que es identificado como discípulo de Moderato el Pitagórico. Puesto que el diálogo referido por Plutarco ha tenido lugar durante una fiesta celebrada por Sexto Sila en honor de Plutarco con motivo del retorno de éste a Roma después de una larga ausencia en torno al año 90, debemos suponer que Moderato, maestro pitagórico, ha debido enseñar en Roma con anterioridad, posiblemente durante la época de Nerón (54-68), en un período coincidente o un poco posterior con el de Apolonio de Tiana, o sea, que debió ser un filósofo de renombre activo durante la segunda mitad del siglo I.

Por otro lado la fama de que gozaba y su vinculación con la línea pitagórica y neoplatónica, nos llega confirmada dos siglos después cuando Porfirio, en su *Vida de Plotino*, escribe que Longino en el prólogo de su libro *De Longino contra Plotino y Gentiliano Amelio* sobre el fin, había dejado escrito que: *"En cambio, los que dieron muestras de su seriedad de escritores por la cantidad de problemas abordados y emplearon además un método original de especulación filosófica son Plotino y Gentiliano Amelio: el primero porque se entregó a explicar los principios pitagóricos y platónicos, según me parecía a mi, con mayor claridad que sus predecesores, ya que las obras de Numenio, de Cronio, de Moderato y de Trasilo, están muy lejos, en rigor científico, de los escritos de Plotino sobre los mismos temas."*.

La localización de parte al menos de la enseñanza de Moderato en Roma puede explicar por qué Porfirio da señales firmes de haber conocido su obra. De este modo en su *Vida de Pitágoras*, que integraba la primera parte de su obra mayor en cuatro libros sobre Historia de la filosofía, informa sobre la producción de Moderato en once libros titulada *Lecciones pitagóricas* (*Scholai pythagorikai*) y asimismo en su libro *Sobre la materia* ha tenido también en cuenta a Moderato, según el comentario posterior de Simplicio. Por lo tanto, además de los pocos datos biográficos aportados por Plutarco y Porfirio se tiene también dos fragmentos extensos de Porfirio sobre su concepción de los números y los principios primeros, otro más corto de Jámblico sobre el alma y dos asimismo breves, ratificadores de su pensamiento sobre el número registrados por Juan de Estobeo.

Selección de textos:

Y de este modo han denominado 'uno' (hen) al concepto significativo (logos) de la unidad, de la identidad y de la igualdad y a la causa del acuerdo conjunto (sympnóia) y de la simpatía del universo y de la conservación de lo que mantiene también inmutablemente la identidad. Porque el uno en las partes es tal porque persiste unido en cuanta a las partes y estando conjuntamente de acuerdo por participación en la causa primera. Pero al concepto significativo de la alteridad, de la desigualdad y de todo lo que es divisible, en cambio, y que admite diversas formas, la han llamado 'biforme' y 'diada', porque también en los particulares es así la naturaleza de los que son duales. Igualmente no es que estas razones se den según ellos y que no sea posible en los demás, sino que es posible ver que también los otros filósofos han admitido ciertas potencias unificadoras del universo y que son capaces de mantenerlo, y también en ellos hay algunas razones de igualdad, de desemejanza y de alteridad. Por lo tanto a estas razones por motivo de claridad docente llaman con el nombre del 'uno' y de la 'diada'; pero, por supuesto, poco les importa decir 'biforme', 'desigualdad' o 'alteridad'. Similarmente para los otros números también existe la misma doctrina. Porque cada uno está dispuesto según ciertas capacidades. Porque una vez más, hay algo entre los hechos de la naturaleza que posee comienzo, medio y fin. De acuerdo con esta forma y naturaleza han denominado al número tres. También por esto dicen que todo lo que posee la mediedad es triforme. [Del mismo modo han llamado también a todo lo que es completo]. Y si algo es completo, dicen que se conforma a aquel principio y se ordena según él. No pudiendo llamarlo de otro modo se han servido del nombre de triada para él y queriendo introducimos en su noción nos han introducido a través de esta forma. La misma doctrina igualmente vale para los otros números. Por consiguiente son éstas las razones según las que se ordenan los números de los que hablamos. Y los que siguen son contenidos por una cierta forma y potencia, a ésta la han llamado 'década', como un receptáculo (dechás). También por esto dicen que la década es número perfecto, e incluso el más perfecto de todos, porque comprende en si toda diferencia numérica y todos los tipos de razones y proporciones. Porque si la naturaleza del universo está determinada según razones y proporciones numéricas y todo lo que nace, crece y se completa se regula según razones numéricas, pero a toda razón, a toda proporción y a toda forma numérica, las abraza la década ¿Cómo no se podría decir de ésta que es el número perfecto? Ésta es, pues, la disciplina de los números para los pitagóricos."

"¿Cómo, pues, es principio el Uno? En tanto no es divisible, afirman. Mas indivisible es tanto lo universal, como lo particular y el elemento, aunque de modo distinto: aquél según la noción, éstos según el tiempo. ¿De cuál de las dos maneras, pues, es principio el Uno?"

Ibn Gabirol

Nace: 1021 - Muere: 1058

Ibn Gabirol fue un poeta y filósofo judeoespañol del siglo XI. Publicó más de cien poemas, así como obras de exégesis bíblica, filosofía, ética y sátira.

Poco se sabe de la vida de Gabirol, y algunas fuentes dan información contradictoria. Fuentes coinciden en que nació en Málaga , pero no está claro si a finales de 1021 o principios de 1022. El año de su muerte es una cuestión de disputa, con cuentas contradictorias que lo sitúan antes de la edad de 30 o 48 años.

Gabirol vivió una vida de comodidad material, nunca tuvo que trabajar para sostenerse, pero vivió una vida difícil y sin amor, sufriendo mala salud, desgracias, amistades volubles y poderosos enemigos. Desde su adolescencia, sufría de alguna enfermedad, posiblemente lupus vulgar (infección de la piel producida por el bacilo de la tuberculosis) que lo dejaría amargado y con un constante dolor. Indica en sus poemas que se consideraba corto y feo. De su personalidad, Moisés ibn Ezra escribió: "su temperamento irascible dominaba su intelecto, ni podía controlar al demonio que estaba dentro de sí mismo, le vino fácilmente a la sátira de los grandes, con salva de burla y sarcasmo"

Los escritos de Gabirol indican que su padre era una figura prominente en Córdoba , pero se vio obligado a trasladarse a Málaga durante una crisis política en 1013 d.C. Los padres de Gabirol murieron mientras era un niño, dejándolo huérfano, sin hermanos o parientes cercanos. Fue protegido por una figura política prominente, Yekutiel ben Isaac, trasladándose a Zaragoza, un importante centro de la cultura judía. La poca sociabilidad de Gabirol, su temperamento, su poesía y agudo ingenio le ganaron poderosos enemigos, pero mientras vivió Yecutiel, Gabirol se mantuvo a salvo de ellos y pudiéndose sumergir libremente en el estudio del Talmud, la gramática, la geometría, la astronomía , y la filosofía. Sin embargo, cuando Gabirol tenía diecisiete años, su benefactor fue asesinado como resultado de una conspiración política, y hacia 1045 Gabirol se vio obligado a abandonar Zaragoza. Fue protegido a continuación por el gran visir y general superior de los reyes de Granada, Samuel Ibn Nagrela. Parece que Gabirol nunca se casó y que pasó el resto de su vida errante.

Gabirol se convirtió en un consumado poeta y filósofo a una edad temprana. A la edad de 17 años, había compuesto cinco de sus poemas más conocidos, una elegía de 200 versos dedicada a su amigo Yekutiel y otras cuatro elegías notables para llorar la muerte de Hai Gaon (teólogo judío). A los 19 años, había compuesto un poema acróstico de 400 versos que enseñaba las reglas de la gramática hebrea. Entre los 23 y 25 años había compuesto, en árabe, "*Mejora de las cualidades morales*". Alrededor de los 28 años compuso su obra filosófica *Fons Vitæ*.

Como se mencionó anteriormente, las cuentas contradictorias de la muerte de Gabirol lo hacen morir ya sea antes de los 30 años o hasta los 48 años. Se cree que la opinión de la primera muerte, que murió antes de los 30 años, se basó en una lectura errónea de fuentes medievales. Los dos restantes son opiniones de que murió ya sea en 1069 o 1070, o alrededor de 1058 en Valencia. En cuanto a las circunstancias de su muerte, una leyenda afirma que fue pisoteado a muerte por un jinete árabe. Una segunda leyenda relata que fue asesinado por un poeta musulmán celoso de los dones poéticos de Gabirol y que secretamente lo enterró bajo las raíces de una higuera. El árbol daba fruto en abundante cantidad y de extraordinaria dulzura. Su singularidad despertó la atención y provocó una investigación. La inspección resultante del árbol descubrió los restos de Gabirol, y condujo a la identificación y ejecución del asesino.

Gabirol fue en la historia de la filosofía, conocido como Avicebron, uno de los primeros maestros del neoplatonismo en Europa, y autor de *Fons Vitæ* . Como tal, él es más conocido por la doctrina de que todas las cosas, incluyendo el alma y el intelecto, están compuestas de materia y forma y por su énfasis en la voluntad divina. Su papel ha sido comparado con el de Filón de Alejandría. Ambos fueron ignorados por sus compañeros judíos, pero ejercieron una considerable influencia sobre los gentiles (Filón, sobre el cristianismo primitivo y Gabirol en la escolástica medieval cristiana.); y ambos sirvieron como intermediarios culturales (Filón, entre la filosofía helenística y el mundo oriental, y Gabirol entre la filosofía greco-árabe y el Occidente).

Fons Vitæ postula que la base de la existencia y la fuente de la vida en cada cosa creada es una combinación de "materia" (*materia universalis*) y "forma". La doctrina de la materia y la forma informó el subtítulo de la obra: "*De Materia et Forma*". Sus principales doctrinas son que todo lo que existe puede reducirse a tres categorías; Dios, materia y forma (es decir, la Creación) y un intermediario. Que todos los seres creados están constituidos de forma y materia. Esto es cierto tanto para el mundo físico (*substantiis corporeis sive compositis*) como para el mundo espiritual (*substantiis spiritualibus sive simplicibus*), que son el vínculo entre la primera sustancia (es decir, la divinidad, en latín: *essentia prima*) y el mundo físico.

Durante más de seis siglos, el mundo cristiano consideró a *Fons Vitae* como la obra de un filósofo cristiano o árabe, convirtiéndose en piedra angular de muchos debates teológicos entre franciscanos y dominicanos.La aristotélica dominicana dirigida por San

Alberto Magno y Santo Tomás de Aquino se opone a las enseñanzas de *Fons Vitae.*

Los franciscanos platónicos dirigidos por Duns Scoto, apoyó sus enseñanzas y condujo a su aceptación en la filosofía cristiana, influyendo a filósofos posteriores como el fraile dominico del siglo XVI , Giordano Bruno.

Selección de textos:

-Fons Vitae, tratado primero.

Maestro- Pregunta lo que quieras, que estoy dispuesto a complacerte.

Discípulo.- ¿Qué es, pues, lo que el hombre debe buscar en esta vida?

M.- Puesto que la parte inteligente del hombre es de todas las suyas la mejor, lo que más le importa buscar es la ciencia; lo que de la ciencia es más necesario saber, es que se sepa, a sí mismo, para que por esto sepa en verdad las otras cosas que están fuera de él, porque su esencia es comprenderlo y penetrarlo todo, y todas las cosas están sujetas a su potestad; con esto debe buscar también la ciencia de la causa fina para la que ha sido creado, para que se aplique mucho a ella, pues que por esto se consigue la felicidad.

D.- La esencia del hombre tiene causa final. ¿Por qué?

M.- ¿Cómo no, cuando todas las cosas están sujetas a la voluntad del solo grande?

D.- Aclárame esto.

M- Porque la voluntad es la virtud divina que todo lo crea y todo lo mueve; luego es imposible que sin ella se haga nada.

D.- ¿Cómo es eso?

M.- Pues porque el movimiento, por el que todas las cosas están engendradas, está sujeto a la voluntad; preciso es, por tanto, que el movimiento de aquéllas dependa del movimiento de ésta, y su re-

poso, de su reposo.

D.- ¿Qué se sigue de aquí?

M- Se sigue que la quietud y el movimiento en la generación del hombre y de los demás, tenga por causa la voluntad que obliga.

D.- ¿Cuál es, pues, la causa final de la generación del hombre?

M.- La aproximación de su alma al mundo más elevado, para que cada cual retorne a lo que le es semejante.

D.- ¿De qué modo llegamos a esto?

M.- Por la ciencia y por la obra, porque por la ciencia y por la obra se une el alma a la vida más elevada, pues que la ciencia conduce a la obra y la obra separa del alma los enemigos que la dañan y la repone en su naturaleza y en su substancia; y en general, la ciencia y la obra emancipan al alma de la cautividad de la naturaleza y la libertan de sus tinieblas y obscuridad, y de este modo el alma recobra su vida más elevada.

-Fons Vitae, tratado cuarto.

M.- Digo, pues, que la forma de la inteligencia es semejante a la forma de lo uno, porque es la que aprehende la proposición una; la forma del alma racional semejante al dos, porque se mueve de las proposiciones a la conclusión, por la identidad a la exclusión; y la forma del alma sensible semejante al tres por ser la que aprehende al cuerpo que tiene tres dimensiones, por medio de tres cosas que son el color, la figura y el movimiento, y la forma de la naturaleza es semejante al cuatro, porque la naturaleza tiene cuatro fuerzas, y en general, cuando consideres todas las cosas que son, las encontrarás dispuestas y ordenadas según la naturaleza del número y que todas caen por bajo de la forma de la inteligencia que es la unidad, y esto porque todos los números caen bajo el uno, y por esta razón la forma de la inteligencia y su esencia es colectora de todas las cosas y lo comprehende todo.

D.- Por todas estas premisas ya me es manifiesto que no hay más forma que la unidad; pero ¿qué se sigue de eso?

M.- Se sigue que la forma universal sea impresión del uno verdadero, altísimo, infundida en toda la materia y continente de ella, y esto porque la primera unidad es la unidad verdadera que obra por sí misma, de donde es menester que haya esta unidad que la sigue y éste es el origen de los números numeradores y ésta es la forma universal que constituye la esencia de la universalidad de las especies, esto es, la especie universal que da su esencia a cada una de las especies, y todas las especies convienen en su concepto, esto es, porque todas las especies de las substancias simples y compuestas no pueden dejar de tener cada una una forma constituyente de su esencia y el concepto que constituye a todas es la forma universal, a saber, la unidad que sigue a la unidad agente; por esto ha sido dicho que la forma retiene y perfecciona la materia, porque la forma es unidad y la unidad es la que todo lo retiene y constituye, porque es colectora de la esencia en que está y unidora de ello, a saber, reteniéndola para que no se esparza y multiplique y por esto se dice que la unidad es común a todas las cosas y está en todas ellas.

-Plegaria

Te busco en todas mis auroras y crepúsculos

extiendo hacia ti mis manos y mi faz.

Hacia ti clamo con el corazón sediento

como el mendigo que pide junto a mi puerta y mi umbral.

Las alturas no pueden servirte de morada.

Tú resides dentro de mí.

Yo, en verdad, escondo en mi corazón tu glorioso nombre.

mientras mi amor por ti rebosa hasta traspasar mi boca

Por eso ensalzaré yo el nombre del Señor

mientras el aliento de Dios esté en mí, vivo.

Tú me creaste no por necesidad sino por gracia,

no por necesidad sino solo por amor.

Antes de que existiera, me demostraste compasión

al infundir el espíritu en mí y darme vida

y después de que salí a la luz y al aire

no me abandonaste sino más bien, como padre cariñoso, me vigilaste.

Yo era un bebé lactante, y Tú me amamantaste y me pusiste al pecho de mi madre.

Me llenaste con las delicias de la infancia y

cuando fui lo suficientemente fuerte para levantarme

me ayudaste a ponerme de pie.

Me tomaste en Tus brazos y me enseñaste a caminar

y me diste sabiduría y pautas de rectitud.

-Fíjate en el sol del ocaso

Fíjate en el sol del ocaso, rojo,

como revestido de un velo de púrpura:

va desvelando los costados del norte y el sur,

mientras cubre de escarlata el poniente;

abandona la tierra desnuda

buscando en la sombra de la noche cobijo;

entonces el cielo se oscurece, como si

se cubriera de luto por la muerte de Yequtiel.

Yehuda Halevi

Nace: 1075 - Muere: 1141

Yehuda Halevi fue médico, poeta y filósofo judeoespañol. Nació en Tudela en el 1075 o 1086, y murió poco después de llegar a la Tierra Santa en 1141, en ese momento el Reino Cruzado de Jerusalén. Halevi es considerado uno de los poetas hebreos más grandes, celebrado tanto por sus poemas religiosos como seculares, muchos de los cuales aparecen en la liturgia actual. Su mayor obra filosófica fue *El Kuzarí*.

De joven, parece haber ido a Granada, el principal centro de la vida literaria e intelectual judía de la época, donde encontró a su mentor Moisés Ibn Ezra. Aunque a menudo se dice que estudió en la academia de Lucena, no hay evidencia en este sentido. Compuso una breve elegía sobre la muerte de Isaac Alfasi, el jefe de la academia. Su aptitud como poeta fue reconocida tempranamente. Fue educado en la erudición judía tradicional, en la literatura árabe, y en las ciencias griegas. Ejerció también, con aparente renombre, como médico en la comunidad judía. En Toledo alternó su residencia en varias ciudades musulmanas en el sur.

Como la mayoría de los intelectuales judíos de la España musulmana, Halevi escribió prosa en árabe y poesía en hebreo. Durante la Edad de Oro Judía en España del siglo X al XII, fue el más prolífico de los poetas hebreos y fue considerado por algunos de sus contemporáneos, así como por los críticos modernos, como el más grande de todos los poetas hebreos medievales. Sus temas abarcan todos aquellos que estaban presentes entre los poetas hebreos: odas panegíricas, odas fúnebres, poemas sobre los placeres de la vida, epigramas y enigmas. También fue un prolífico autor de versos religiosos.

Sus convicciones religiosas lo obligaron a abandonar su patria para terminar sus días en Israel. Sus motivaciones eran complejas. Su piedad personal se intensificó a medida que envejeció, llevándole a desear dedicarse por completo a la vida religiosa. Las incertidumbres del status judío en el período de la Reconquista lo llevó a dudar de la futura seguridad de la comunidad judía en España. El fracaso de los movimientos mesiánicos le pesaba. Su anterior compromiso con la filosofía como guía de la verdad dio paso a un compromiso renovado con la fe en la revelación. Llegó a la convicción, elaborada en su tratado conocido como *El Kuzarí*, de que la verdadera realización religiosa sólo es posible en presencia del Dios de Israel, que, según creía, era más palpable en la tierra de Israel.

Halevi navegó hacia Alejandría. Al llegar el 8 de septiembre de 1140, fue recibido con entusiasmo por amigos y admiradores. Luego fue a El Cairo, donde visitó a varios dignatarios y zarpó para Israel el 14 de mayo de 1141. Poco se sabe de sus viajes después. Murió durante el verano, presumiblemente después de haber llegado a Palestina. Halevi abordó extensamente su peregrinación en la poesía escrita durante su último año, que incluye panegíricos a sus varios anfitriones en Egipto, reflexiones de sus motivaciones religiosas, descripción de tormentas en el mar, y expresiones de sus ansiedades y dudas.

La obra de Halevi se centra en la poesía y la filosofía. El erudito José de la Fuente Salvat lo eleva como el "poeta más importante del judaísmo de todos los tiempos". La notable unión de la religión, el nacionalismo y el patriotismo alcanzó su cumbre en Halevi y su poesía. Sin embargo, esta misma unión, alguien tan consistente como Halevi, exigió el cumplimiento del supremo ideal político-religioso del judaísmo medieval -el "regreso a Jerusalén". Aunque su apasionado llamamiento a sus contemporáneos para volver a "Sión" fue recibido con indiferencia, o incluso con burla, su propia decisión de ir a Jerusalén nunca vaciló. *"¿Podemos esperar algún otro refugio, ya sea en Oriente o en Occidente, donde podamos morar en seguridad?"* exclama a uno de sus oponentes. Fue un autor importante del género poético-religioso de las Siónidas, himnos líricos que expresan el anhelo de la nación judía de ver a la nación, la ciudad de Jerusalén, el Monte Sión y el Templo restaurados a su antiguo esplendor.

Como filósofo, la posición de Halevi en el dominio de la filosofía judía es paralela a la ocupada en el Islam por Ghazali, por quien fue influenciado, pero Halevi despreciaba fuertemente el Islam. Al igual que Ghazali, Halevi se esforzó por liberar la religión de la esclavitud de los diversos sistemas filosóficos en los que había sido sostenido por sus predecesores, Saadia, David ben Marwan al-Mekamez, Gabirol y Bahya. En su obra *El Kuzarí*, Halevi expuso sus puntos de vista sobre las enseñanzas del judaísmo, que defendió contra los ataques de filósofos no judíos, filósofos griegos y de Aristóteles y contra los que él consideraba "herejes".

Selección de textos:

-El Kuzarí.

Abraham llevó su carga honestamente: su vida en Ur Kasdim, la emigración, la circuncisión, la separación de Ismael y la angustia del sacrificio de Isaac porque la influencia divina había llegado a él a través del gusto pero no a través de la razón. Abraham sintió que ni el más pequeño detalle podría escapar de Dios y fue recompensado rápidamente por su piedad y fue guiado en el camino correcto hasta el punto de que lo hizo todo en el orden dictado por Dios. ¿Cómo podía hacer otra cosa que despreciar su anterior ra-

cionalidad? Los sabios explican el versículo: "Y lo llevó fuera (Génesis 15:5)", para hacerle entender que debía ¡dejar el horóscopo o la astrología! Es decir que Dios le ordenó que abandonara sus investigaciones especulativas mirando las estrellas y otros asuntos similares y siguiera fielmente el objeto del que había gustado, como está escrito: Gustad y verás que bueno es Adonai" (Salmo 34:9)

Mi pensamiento no pasará a mi boca; y, el ayuno que observa aquel día es ayuno en el cual es cuasi semejante a los ángeles, porque lo perfecciona con quebrantamiento, humillación, estar en pie, arrodillamientos, alabanzas y loores; y todas sus facultades corporales ayunan y se abstraen de los negocios naturales, y se ocupan en los legales, como si no hubiera en el naturaleza brutal; y de esta manera es el ayuno del varón Pio todas las veces que ayuna, que aflige en el la vista, el oído y la lengua, no los ocupando en otra cosa que en aquello que lo aproxima a Dios; así mismo las facultades intrínsecas de la imaginación, pensamiento y semejantes, acompañado con esto las buenas obras notorias. Las obras morales o políticas, y los estatutos intelectuales, son las notorias; pero las divinas acrecentadas a ellas, para residir Dios vivo entre la Nación, que la gobierne, no son notorias, hasta que vengan explicadas y determinadas del mismo Dios; ni las obras políticas y intelectuales nos son notorias perfectamente, por cuanto, ni sabemos su substancia, no sabemos su cantidad; porque nosotros sabemos que la humildad es obligación; y la doctrina del alma en quebrantamiento y sumisión, es obligación; que el engaño, lascivia con las mujeres, ajuntamiento con algunas parientas, es torpe vicio; que el honrar a los padres es obligación y semejantes; pero la determinación de estas cosas y su cantidad, en modo que sean buenas para todos, no se pude alcanzar sino de Dios; y las obras Divinas no las alcanza nuestro entendimiento, ni las refuta, pero las alcanzamos de Dios, y las obedecemos, así como obedece el enfermo al Medico, tomando los medicamentos y observando el regimiento que le ordena; verás la circuncisión, cuánto dista de la razón, y que no tiene camino en la política o gobierno de los hombres, y la recibió Abraham en su misma persona y en sus hijos, con ser el caso tan arduo y difícil según la naturaleza, siendo de edad de cien Años; y le sirvió de señal para se pegar con el y con su semiente el caso Divino, como dice el texto (Gen., 17: 7): Y estableceré a mi firmamento entre mi, y entre ti, y entre tu semiente después de ti, para ser a ti por Dios, y a tu simiente después de ti.

-Poemas del mar

Dios mío, ¡no quiebres las crestas del mar!
ni digas a los abismos marinos: ¡secaos!
Mientras, reconoceré tus favores y daré las gracias
a las olas del mar y al viento de Poniente.
Me acercan donde está el yugo de tu amor,
me libran de la coyunda de los árabes.
¿Cómo no van a cumplirse mis anhelos?
¡En Ti confío, Tú eres mi garantía!
En el corazón de los mares le digo al corazón turbado
¡Oh tú, que te espantas al erguirse las aguas!
si tuvieras fe en Dios, que creó
el mar y cuyo Nombre se mantendrá por siempre,
no te atemorizaría el mar al encrespar sus olas,
ya que contigo está el que fijó sus límites.
Con corazón fundido de pavor, trémulas rodillas
y lomos palpitantes, clamo al Señor.
Absortos quedan los timoneles ante el abismo
y los marinos se hallan sin fuerzas.

¿Cómo no estar así? ¡Pendo en el caso
de un barco entre las aguas y el cielo!
¡Doy tumbos! ¡me balanceo! ¡leve cosa si al fin
puedo celebrar mis fiestas en Jerusalén!

MAIMÓNIDES

Nace: 1138 - Muere: 1204

Moshé ben Maimón comúnmente conocido como Maimónides fue filósofo sefardí que se convirtió en uno de los más prolíficos e influyentes estudiosos de la Torá de la Edad Media .

Maimónides nació en Córdoba. A una edad temprana, desarrolló un interés en las ciencias y la filosofía. Leyó a aquellos filósofos griegos accesibles en traducciones árabes, y estuvo profundamente inmerso en las ciencias y el aprendizaje de la cultura islámica. A Maimónides no se le conocía como partidario del misticismo, aunque se ha discernido en su filosofía un fuerte tipo intelectual de misticismo. Expresó su desaprobación de la poesía, la mejor de las cuales declaró falsa, ya que se fundó en pura invención. Este sabio , que fue venerado por su personalidad, así como por sus escritos, llevó una vida ocupada, y escribió muchas de sus obras mientras viajaba o en un alojamiento temporal.

Los Almohades conquistaron Córdoba en 1148. Este hecho amenazó a las comunidades judías y cristianas con la conversión al Islam, la muerte o el exilio. La familia de Maimónides, junto con la mayoría de los otros judíos, eligió el exilio. Algunos dicen, sin embargo, que es probable que Maimónides fingió una conversión al Islam antes de escapar. Durante los próximos diez años, Maimónides se trasladó al sur de España, y finalmente se instaló en Fez. Durante este tiempo, compuso su aclamado comentario sobre la Mishná en los años 1166-1168.

Después de esta estancia en Marruecos permaneció en Tierra Santa, antes de establecerse en Fustat, Egipto, alrededor de 1168 muriendo en el 1204. Se cree ampliamente que fue enterrado brevemente en la sala de estudio del patio de la sinagoga, y que, poco después, de acuerdo con sus deseos, sus restos fueron exhumados y llevados a Tiberíades. La Tumba de Maimónides en la orilla occidental del Mar de Galilea en Israel marca su lugar de reposo. Maimónides y su esposa, la hija de Mishael ben Yeshayahu Halevi, tuvieron un hijo que sobrevivió hasta la edad adulta, Abraham, quien fue reconocido como un gran erudito. Sucedió a Maimónides como Nagid (líder judío en Egipto) y como médico de la corte a la edad de dieciocho años. A lo largo de su carrera, defendió los escritos de su padre contra todos los críticos. El puesto de Nagid estuvo en manos de la familia de Maimónides durante cuatro generaciones sucesivas hasta el final del siglo XIV.

El filósofo-médico es ampliamente respetado en España y se erigió una estatua de él en Córdoba cerca de la única sinagoga en esa ciudad para escapar de la destrucción durante años de persecución. Aunque ya no funciona como un lugar de culto judío, está abierto al público.

La Mishné Torá de Maimónides es considerada por los judíos incluso hoy como una de las principales codificaciones autoritativas de la ley y la ética judías. Es excepcional por su construcción lógica, expresión concisa y clara y aprendizaje extraordinario, por lo que se convirtió en un estándar contra el cual a menudo se medían otras codificaciones posteriores. Todavía es muy estudiado en academias rabínicas. Un dicho medieval popular que también sirvió como su epitafio afirma: *De Moshé(de la Torá) a Moshé (Maimónides) no hubo ninguno como Moshé.* Se refería principalmente a sus escritos rabínicos.

Pero Maimónides también fue una de las figuras más influyentes en la filosofía judía medieval. Su brillante adaptación del pensamiento aristotélico a la fe bíblica impresionó profundamente a los pensadores judíos posteriores, y tuvo un inesperado impacto histórico inmediato. Algunos de los judíos más cultos en el siglo que siguió a su muerte, particularmente en España, trataron de aplicar el aristotelismo de Maimónides de maneras que socavaron la creencia y la observancia tradicionalista, dando lugar a una controversia intelectual en los círculos judíos españoles y del sur de Francia. La intensidad del debate estimuló las intervenciones de la Iglesia Católica contra la "herejía" y una confiscación general de textos rabínicos. Al menos entre los judíos asquenazis, había una tendencia a ignorar sus escritos específicamente filosóficos y a subrayar en cambio los escritos rabínicos y halájicos. Estos escritos a menudo incluían considerables capítulos filosóficos o discusiones en apoyo de la observancia halájica; David Hartman observa que Maimónides expresó claramente "el apoyo tradicional para una comprensión filosófica de Dios tanto en el Aggadah del Talmud como en el comportamiento del hasid [el judío piadoso]".

El pensamiento maimonideano continúa influyendo en los judíos tradicionalmente observantes. La crítica más rigurosa medieval de Maimónides es al Adonai de Hasdai Crescas. Hasdai Crescas esquivó la tendencia ecléctica, al demoler la certeza de la cosmovisión aristotélica, no solo en cuestiones religiosas, sino también en las áreas más básicas de la ciencia medieval (como la física y la geometría). La crítica de Crescas provocó que varios eruditos del siglo XV escribieran las defensas de Maimónides.

Debido a su síntesis de la búsqueda del camino de Aristóteles y la fe bíblica, Maimónides tuvo una influencia fundamental en el gran teólogo cristiano Santo Tomás de Aquino. Santo Tomás se refiere específicamente a Maimónides en varias de sus obras, incluido el *Comentario sobre las Oraciones*.

Las habilidades combinadas de Maimónides en los campos de la teología, la filosofía y la medicina hacen que su trabajo sea atractivo hoy en día como fuente durante las discusiones sobre las normas en evolución en estos campos, en particular la medicina. Un ejemplo es la cita moderna de su método para determinar la muerte del cuerpo en la controversia con respecto a la declaración de muerte para permitir la donación de órganos para el trasplante.

Selección de textos

-Mishné Torá.

"Hombres físicamente enfermos perciben lo amargo como dulce y lo dulce como amargo, y aún hay enfermos que gustan de cosas que no sirven para comer, como tierra y carbón, y repudian cosas que sí sirven para comer, como pan y carne, todo según la intensidad de la enfermedad. Lo mismo ocurre también con enfermos del alma: También ellos gustan las malas orientaciones y rechazan la buena senda, tienen pereza de ir por ella, pereza tanto mayor cuanto más enfermos están. Como dijo Isaías: ¡Ay de aquellos que dicen a lo malo, bueno, y a lo bueno, malo! La oscuridad es para ellos luz, lo amargo, dulce y lo dulce, amargo".

"De esos hombres también se ha dicho: los que abandonan los caminos de la rectitud para ir por caminos oscuros. ¿Qué deben hacer esos hombres enfermos? Deben acudir a los sabios que son médicos del alma enferma, para que los curen mediante las buenas orientaciones que les enseñarán, hasta que retornen al buen camino. Y de aquellos que sí perciben cuán malas son sus orientaciones y no acuden a los sabios, dice Salomón: los tontos desprecian tanto la sabiduría como la moral".

"¿Cómo se cura a tales enfermos? Al que sea iracundo se le enseña que se conduzca de modo que aunque se le castigue y se le insulte no sienta nada, y que proceda así largo tiempo hasta que la ira sea arrancada de su corazón. Si es vanidoso, debe dejarse humillar, sentarse más bajo que los demás, vestir harapos que avergüencen a quien los use y cosas análogas, hasta que la vanidad sea arrancada de su corazón y retorne al camino medio que es en verdad el buen camino. La misma 39 línea ha de seguirse en todas las otras orien-

taciones: si se alejó desde uno de los extremos que se incline hacia el mismo y se conduzca así largo tiempo hasta que llegue al buen camino, al termino medio que existe en toda orientación".

"Mas también hay orientaciones en las que no cabe atenerse al término medio, sino que hay que acercarse hacia un extremo, como, por ejemplo, en la vanidad, en que no basta simplemente con la modestia, sino que se ha de permanecer del todo humilde y considerarse en menos, y por ello se dice acerca de Moisés nuestro Maestro muy humilde, y no sólo humilde y por ello recomendaron los sabios: serás muy, muy humilde, y dijeron que el vanidoso es un hereje, porque está escrito: te tornarás vanidoso y olvidarás a Jehová, tu Dios; y también dijeron: excomulgado está quien tiene algo de vanidad. La ira es igualmente un hábito muy malo del que el hombre ha de alejarse absolutamente. El hombre ha de aprender a no encolerizarse ni ante aquello que merezca cólera. Si alguien necesita causar miedo a sus hijos, o si es un dirigente y necesita aparentar enojo para que aquellos a quienes dirige mejoren, que se muestre ante ellos irritado, como quien simula cólera, pero que no la experimente en realidad. Los sabios de antaño decían: quien se encoleriza se asemeja a un idólatra; dijeron también: si quien se encoleriza es un sabio, la sabiduría lo abandona, y si es un profeta, lo abandona la profecía. La vida de los encolerizados ni es vida. Por eso los sabios ordenaron alejarse de la cólera hasta que no se reaccione ni ante cosas que sí debiesen irritar. Y éste es el buen camino, el camino de los varones píos: son ofendidos y no ofenden a nadie, oyen como se les insulta y no responden, hacen el bien sólo por amor y se alegran con sus penas. Respecto de ellos está escrito: los que lo aman brillarán como el sol, cuando sale con su esplendor".

"El hombre en general ha de callar lo más que pueda. Sólo ha de hablar sabiamente o de cosas que necesite para vivir. El hombre no ha de hablar palabras melosas y nunca su palabra habrá de ser una y su corazón otro, sino que por fuera ha de ser como por dentro y no ha de hurtar ideas de otros hombres".

"Ni una sola palabra de tergiversación de la verdad es permitida, sino que la verdad ha de ser el lenguaje y sincero el ánimo y el corazón limpio de todo mal e injusticia".

"El hombre no ha de ser demasiado jocoso y burlón, ni tampoco triste y quejumbroso, sino noblemente alegre, que acoja a toda persona con semblante luminoso".

"El hombre no ha de perseguir el dinero, pero tampoco ha de ser holgazán y vagabundo, sino que con buen criterio ha de ocuparse un poco con sus asuntos y estar satisfecho con lo que tenga, y todo tiempo libre dedicarlo al estudio; no ser pendenciero, ni libidinoso, ni vanidoso, ni afanoso de honores".

"Pero acaso alguien diga: si la envidia y la vanidad, son mal camino que arruina al hombre en el mundo, me apartaré de ellos y me dirigiré hacia el otro extremo, de modo que no comeré carne, ni beberé vino, ni tomaré mujer, ni habitaré casa hermosa, ni vestiré prendas bellas; me pondré un harapo de lana áspera como lo hacen sacerdotes de cultos paganos. Más también éste es un mal camino por el que no se ha de seguir. Quien lo sigue es pecador, pues está escrito: que también 40 perdone a quien pecó contra sí mismo; y los sabios han dicho sobre esto: si el que sólo se apartó del vino necesita perdón, con cuanta más razón, entonces, el que se aparta de toda cosa. Por ello ordenaron los sabios que los hombres sólo se apartasen de aquellas cosas que la Torah ha prohibido, y que no hagan promesas sobre aquellas cosas que la Ley ha permitido. Así dijeron los sabios: No te basta, acaso, con lo que la Ley prohibió, para que te impongas nuevas interdicciones?. Están incluidos en esta regla los que ayunan siempre, pues tampoco ellos siguen el buen camino. Los sabios han prohibido expresamente al hombre mortificarse con ayunos. Sobre estas y análogas cosas está dicho: No seas demasiado piadoso, ni seas demasiado sabio; ¡por qué te habrás de mortificar?".

"El hombre culto al hablar no ha de gritar como las bestias y las

fieras, ni ha de levantar demasiado su voz, sino que ha de hablar a sus semejantes en voz baja, pero no demasiado baja como los de espíritu vanidoso".

"Ha de saludar primero a toda persona, para que todos estén contentos de él; ha de juzgar todo por el lado bueno; Siempre ha de referir los méritos de los demás y nunca difamarlos; siempre ha de amar la paz, y sólo la paz. Si advierte que sus palabras traen utilidad y auxilio, hable entonces; si no, mejor es callar. No ha de caminar con la cabeza erguida, ni a pasitos medidos como las mujeres o los ensoberbecidos; no ha de correr por la calle como un loco ni agachado como un jorobado, sino que ha de mirar desde arriba como quien reza la Glorificación. Y ha de ir por la calle como persona ocupada en sus menesteres. Pues también en el caminar puede distinguirse si es inteligente o tonto".

"La vestimenta del hombre culto ha de ser bella y limpia de cualquier mancha; y, él, el hombre culto, no ha de vestir ropas majestuosas de oro y púrpura, que irriten a los demás, ni tampoco harapos que avergüenzan a quien los usa, sino ropas medianamente bellas".

"El hombre de criterio ha de aprender a fondo un oficio que le dé de vivir, luego ha de construirse una casa y recién después tomar mujer; los tontos proceden al revés, primero se casan, luego construyen una vivienda, si ello les es posible, y recién después buscan ocupación, o si no, viven de beneficencia".

"El hombre culto procede con verdad y lealtad; cuando dice no, es no; cuando sí, es sí. Es muy estricto en los cálculos y cuando da o vende algo, prefiere ceder de lo suyo, y cuando compra algo, no hace reclamaciones, y paga derechamente el precio; no se compromete ni se lanza en empresas, ni contrae obligaciones que la Ley no le haya impuesto, para poder siempre cumplir su palabra; si otros le son deudores de algo, espera el mayor tiempo, y está siempre dispuesto a perdonar y tolerar; nunca se inmiscuye en los ne-

gocios de otros y nunca hace daño a nadie".

"El hombre ha de tender con su corazón y en todas sus acciones sólo al conocimiento de Dios. En este pensamiento ha de estar concentrado siempre, al sentarse, al ponerse de pie, al levantarse, al comer, al dormir, en toda su manera de vivir, en su conducta. A este propósito dijeron los sabios: todos tus actos sean por Dios y a su respecto también dijo Salomón con su sabiduría: en todos tus caminos sólo lo reconocerás a El y El ya enderezará todas tus sendas"

IBN ARABI

Nace: 1165 - Muere: 1240

Abū'Abd Allāh Muḥammad ibn'Alī ibn Muḥammad ibn'Arabī al-Ḥātimī aṭ-Ṭā'ī también conocido simplemente como el Sheik Al -Akbar , "el maestro más grande", fue un erudito árabe andaluz , místico sufí, poeta y filósofo. Es famoso por los practicantes del sufismo como "el maestro más grande" y también como un santo genuino.

Ibn Arabi nació en Murcia el 26 de julio de 1165 por la noche. Su padre era de la tribu de Tayy y afirmaba descender del legendario poeta árabe Hatim al-Tai. Su madre provenía de una noble tribu bereber con fuertes lazos con el norte de África. Ibn Arabi menciona a su tío materno, Yahya ibn Yughman, que en algún momento fue un rico príncipe de la ciudad de Tremecén, pero había dejado esa posición para llevar una vida de espiritualidad después de encontrarse con un místico sufí.

Su padre, Ali ibn Muḥammad, sirvió en el ejército de Abu'Abd Allah. Cuando Abu'Abd Allah murió en el 1172, Ali ibn Muḥammad rápidamente cambió su lealtad al sultán almohade, Abū Ya'qūb Yūsuf I, convirtiéndose en uno de sus consejeros militares. Su familia luego se mudó de Murcia a Sevilla.

El entrenamiento intelectual de Ibn Arabi comenzó en Sevilla hacia 1182. La mayoría de sus maestros eran del clero de la época almohade y algunos de ellos ocupaban los puestos oficiales de Qadi o Khatib. Su mentor espiritual en Fez fue Mohammed ibn Qasim al-Tamimi.

En el año 1200 él estaba en Marruecos y aprendiendo de su maestro Yūsuf al-Kūmī, que vivía en el pueblo de Salé en ese momento. Ibn Arabi emprendió la peregrinación a la Meca en el 1202. Vivió en La Meca por tres años. Fue en La Meca donde comenzó a escribir su obra *Al-Futūḥāt al-Makkiyya* ("Las iluminaciones de La Meca").

Después de pasar un tiempo en La Meca, viajó por Siria, Palestina, Irak y Anatolia.

El año 1203 fue testigo de una reunión entre Ibn Arabi y el Sheik Majduddīn Isḥāq ibn Yūsuf, un nativo de Malatya y un hombre de gran prestigio en la corte selyúcida. Esta vez Ibn Arabi viajaba al norte; primero visitaron Medina y en 1204 llegaron a Bagdad. Esta visita, además de otros beneficios, le ofreció la oportunidad de conocer a los discípulos directos de Shaykh 'Abd al-Qādir Jīlānī. Ibn Arabi se quedó allí solo durante 12 días porque quería visitar Mosul para ver a su amigo 'Alī ibn' Abdallāh ibn Jāmi ', un discípulo de Qaḍīb al-Bān . Allí pasó el mes de Ramaḍan y compuso *Kitāb al-Jalāl wa'l-Jamāl* ("El Libro de la Majestad y la Belleza"). En el año 1205 visitó Jerusalén, La Meca y Egipto. Fue la primera vez que pasó por Siria, visitando Alepo y Damasco.

Más tarde en 1207 regresó a La Meca donde continuó estudiando y escribiendo, pasando su tiempo con su amigo Abū Shujā bin Rustem y su familia, incluyendo el hermoso Niẓām.

Los siguientes 4 o 5 años de la vida de Ibn Arabi se gastaron en estas tierras y también siguió viajando y llevando a cabo las sesiones de lectura de sus obras en su propia presencia. El 8 de noviembre de 1240 a la edad de setenta y cinco años, Ibn Arabi murió en Damasco.

Aunque Ibn Arabi declaró en más de una ocasión que no prefería ninguna de las escuelas de jurisprudencia islámica , fue responsable de copiar y preservar libros de la escuela zahirita o literalista, a la que se le ha asignado erróneamente. Ibn Arabi compartió las opiniones de Ghazali de que la ley islámica era solo un medio temporal para alcanzar una meta más alta, evitando el fuerte enfoque en asuntos mundanos tales como las transacciones financieras y las regulaciones sobre vestimenta.

Ibn Arabi ahondó en detalles específicos a veces, y era conocido por su opinión de que el consenso religiosamente vinculante solo podría servir como una fuente de ley sagrada si fuera el consenso de la primera generación de musulmanes que había presenciado la generación directamente.

Al-Insān al-Kāmil o el ser perfecto fue discutido por primera vez en forma escrita por Ibn Arabi en una de sus obras más prolíficas titulada Fusus al-Hikam. Tomando una idea ya común en la cultura sufí, Ibn al-Arabi aplicó un análisis profundo y una reflexión sobre el tema del Humano Perfecto y la búsqueda de uno para alcanzar este objetivo. Al desarrollar su explicación del ser perfecto, Ibn Arabi primero discute el tema de la unidad a través de la metáfora del espejo.

En esta metáfora, Ibn Arabi compara un objeto reflejado en innumerables espejos con la relación entre Dios y sus criaturas. La esencia de Dios se ve en el ser humano existente, ya que Dios es el objeto y los humanos son los espejos. Queriendo decir dos cosas, que como los humanos son meros reflejos de Dios, no puede haber distinción o separación entre los dos y sin Dios las criaturas serían inexistentes. Cuando un individuo entiende que no hay separación entre el humano y Dios, comienzan en el camino de la unidad última. El que decide caminar en esta unidad persigue la verdadera realidad y responde al anhelo de Dios de ser conocido. La búsqueda dentro de esta Realidad de la unidad hace que uno se reúna con Dios, así como también, mejora la autoconciencia.

El ser humano perfecto, a través de esta autoconciencia desarrollada y autorrealización, impulsa la auto-manifestación divina. Esto hace que el Humano Perfecto sea de origen divino y terrenal, Ibn Arabi lo llama el Istmo. Siendo el istmo entre el cielo y la tierra, el humano perfecto cumple el deseo de Dios de ser conocido y la presencia de Dios puede ser realizada a través de él por otros. Además a través de la auto manifestación, uno adquiere el conocimiento divino, que es el espíritu primordial de Mahoma y toda su perfección. Ibn Arabi detalla que el humano perfecto es del cosmos a lo divino y transmite el espíritu divino al cosmos.

Ibn Arabi explicó además al Hombre Perfecto usando al menos veintidós descripciones diferentes y varios aspectos al considerar el Logos. Ibn Arabi contempló el Logos, o "Hombre Universal", como una mediación entre el ser humano individual y la esencia divina.

Ibn Arabi afirma que Mahoma es Al-Insan al-Kāmil, el Hombre Perfecto primario que ejemplifica la moralidad de Dios. Ibn Arabi considera que la primera entidad que se *creó* es la realidad o la esencia de Mahoma (*al-ḥaqīqa al-Muhammadiyya*). Ibn Arabi considera a Mahoma como el ser humano supremo y maestro de todas las criaturas. Mahoma es, por lo tanto, el principal modelo a seguir para que los seres humanos aspiren a emular. Ibn Arabi cree que los atributos y nombres de Dios se manifiestan en este mundo y que la exhibición más completa y perfecta de estos atributos y nombres divinos se ven en Mahoma. Ibn Arabi cree que uno puede ver a Dios en el espejo de Mahoma, lo que significa que los atributos divinos de Dios se manifiestan a través de Mahoma. Ibn Arabi sostiene que Mahoma es la mejor prueba de Dios y al conocer a Mahoma, uno conoce a Dios. Ibn Arabi también sostiene que Mahoma es el amo de toda la humanidad tanto en este mundo como en el más allá.

Los eruditos musulmanes a menudo han tenido puntos de vista fuertes y polarizados con respecto a los puntos de vista y el carácter de Ibn Arabi. Muchos han declarado que Ibn Arabi es el principal líder espiritual y maestro sufí en la historia musulmana. Otros lo consideraban un hereje o incluso un apóstata. Muy pocos han tenido reacciones neutras o tibias.

Selección de textos

-Tratado de la Unidad. Capítulo "Morir antes de morir"

Lo que es así calificado, posee innumerables atributos. Lo que muere, en el sentido propio de la palabra, se separa de todos los atributos, sean éstos loables o reprensibles. De igual manera, lo que muere, en el sentido figurado, se separa de todos sus atributos, sean éstos loables o reprensibles. Alá –¡que Él sea bendito y exaltado!–, está en su lugar en todas las circunstancias. La "naturaleza íntima" de Alá está en la "naturaleza íntima"; los atributos de Alá están en sus "atributos". Por eso el Profeta –¡que Alá le ayude y salve!– ha dicho: "Morid antes de morir", es decir: "Conoceos a vosotros mismos (vuestra alma, vuestro "proprium") antes de morir"

También ha dicho el Profeta: "Alá dice: Mi adorador no cesa de aproximarse a mí por sus obras abundantes hasta que Yo le amo. Y cuando Yo le amo, soy Su oído, Su vista, Su lengua, Su mano, etc...". El Profeta quiere decir: el que aniquila su alma –su "proprium"–, es decir, el que se conoce, ve que toda su existencia es Su existencia. No ve ningún cambio en su "naturaleza íntima" o en sus atributos. No ve ninguna necesidad de que sus atributos se conviertan en los Suyos, porque ha comprendido que su propia "naturaleza íntima" no es él mismo y que hasta entonces había ignorado su "proprium", o sea, lo que Él es verdaderamente, en lo profundo.

Cuando hayas conocido lo que es verdaderamente tu "proprium", te habrás desembarazado de tu dualismo y sabrás que no eres distinto de Alá. Mientras tengas una

existencia independiente, una existencia "distinta de Alá", no conseguirás apagar, esto es, conocer tu "proprium". Serás un Señor Dios distinto de Él. ¡Que Alá sea bendito de manera que no haya un Señor Dios distinto de Él!

-El Divino Gobierno del Reino Humano, cap. 3 "La estructura de la ciudad del hombre cuyo rey es el alma, el representante de Dios."

El Señor ha incluido todas. sus bendiciones en la expresión de la humanidad. Le ha dado al ser humano todas las posibilidades de regir el universo, usando en él lo que es debidamente suyo. Le ha dado todos los medios y todo lo necesario para actuar. Lo ha preparado para esta tarea y le ha proporcionado compañeros y ayudantes obedientes. Pero también ha creado medios para probarlo. Con este propósito, puso al lado de su representante un enemigo, el ego que ordenad mal, cuyo objetivo es corromper al representante de Allah haciéndolo amarse a sí mismo. El hizo de este enemigo un gobernante por derecho propio y le dio un poderoso ayudante llamado Lujuria.

Un día hermoso y soleado, cuando el representante de Allah estaba dando un paseo con sus compañeros y comandantes en los jardines de la ciudad del hombre, se encontró súbitamente con su enemigo. Se miraron el uno al otro con intenso interés, examinándose. ¡El enemigo del representante de Allah se enamoró de él! Desde ese momento, trataría de atraer al alma con cualquier truco y artimaña a su alcance, fingiendo ser dulce, gentil y amoroso, así como capaz de todo tipo de grandezas.

Cuando no podían verse, se enviaban emisarios cuyo carácter principal era la arrogancia y el orgullo. Finalmente el representante de Allah fue engañado por el lujo ostentoso que le ofreció su enemigo. Y se convirtió en el prisionero del ego' que ordena el mal. El alma cayó entonces en un estado de profunda negligencia. Pero algunos de sus ministros y compañeros no se dejaron engañar, se dieron cuenta de cómo terminaría esta situación y trataron de salvar al representante de Allah de su negligencia. Trabajaron en secreto, día y noche, para deshacer lo que había sucedido y prevenir los desastres que pudieran suceder en el futuro. Con precaución insistencia tenían la esperanza de despertar al representante de Dios. Incluso si el alma se da cuenta del peligro de las tentaciones del ego que ordena el mal, el ser humano queda en una posición difícil. Está indeciso entre dos poderosas entidades: pues tanto el alma como el ego que ordena el mal, lo llaman hacia sí. Pero toda esta prueba se produce con el permiso de Dios, pues El dice: "Todas las cosas vienen de Dios. (Nisa', 78)". También Él dice: "A unos y a otros, a todos, les concedemos con abundancia los dones de tu Señor. (Bani Isra'il, 20)". Y El le dice al alma: "Y la proporción y el orden que le han sido dados para su iluminación acerca de lo que es bueno y malo para ella.

(Shams, 7 -8)

IBN BAYAH, AVEMPACE

Nace: 1080 - Muere: 1139

Ibn Bayah, Avempace es un filósofo, médico, astrónomo, matemático, músico y poeta andaluz, nacido en Zaragoza entre 1077 y 1082, y murió envenenado en Fez alrededor de 1138. En Occidente, su nombre latinizado es Avempace. Su maestro fue Avenzoar.

De origen humilde, fue nombrado visir en Zaragoza por el gobernador Ibn Tîfilwît entre 1114-1116. Avempace fue una persona muy cercana de Ibn Tifilwit, le escribió un elogio panegírico y poemas. En 1118 Alfonso I de Aragón conquista a Zaragoza. Se cree que Avempace abandonó la ciudad con dificultad y fue encarcelado.

Aparte de este período de privación de libertad que informó en una carta a su amigo Ibn al-Imam, donde se nos informa de que comenzó a escribir un tratado filosófico durante su detención, no tenemos información en su vida durante el período de 1118 a 1136. Permanece en el círculo de poder almorávide y continúa ejerciendo de visir de Ibn Yusuf Yahya. Luego estuvo en Sevilla en 1136 con su discípulo Abu l-Ḥasan Ibn al-Imam. Posteriormente recorrería diversas ciudades en el sur hasta llegar a Fez, donde moriría supuestamente envenenado en 1139.

Filósofo, músico, compositor, poeta y científico, escribió varios libros, como la *Carta de la despedida*, el *Tratado de la unión del intelecto con el hombre* y el *Régimen del solitario*. También compuso canciones populares y poemas, y estudió matemáticas, astronomía y botánica. Tocó el laúd y es considerado uno de los fundadores de un estilo musical típico andaluz: muwaššah.

Fue el autor del *Kitab al-Nabat* ("El libro de las plantas"), un trabajo popular sobre la botánica, que definió el sexo de las plantas. Sus ideas filosóficas tuvieron un efecto claro sobre Ibn Rushd(Averroes) y Alberto Magno. La mayoría de sus escritos y libros no fueron completados ni bien organizados debido a su temprana muerte. Tenía un vasto conocimiento de medicina, matemáticas y astronomía. Su principal contribución a la filosofía islámica fue su idea sobre la fenomenología del alma, que nunca se completó.

Avempace fue, en su tiempo, no solo una figura destacada de la filosofía, sino también de la música y la poesía. Su diwan (árabe: colección de poesía) fue redescubierta en 1951.

Aunque muchas de sus obras no han sobrevivido, sus teorías sobre astronomía y física fueron preservadas por Maimónides y Averroes respectivamente, lo que influyó en los astrónomos y físicos posteriores de la civilización islámica y el Europa del Renacimiento, incluido Galileo Galilei.

Selección de textos

-El régimen del solitario.

"La sabiduría... no es un estado cualquiera sino la perfección absoluta"

"El proceso de búsqueda de la sabiduría y de la espiritualización del yo ha de llevarse a cabo de la forma más esencialmente humana, a saber: con reflexión y libertad: las acciones propiamente humanas son las hechas con libertad... y entiendo por libertad la voluntad que nace de la reflexión"

"La sabiduría es el estado más perfecto de las formas espirituales humanas y no se trata de un estado cualquiera sino de la perfección

más absoluta"

"Por la corporeidad el hombre es; por la espiritualidad es más noble; por la racionalidad es un ser divino y virtuoso. Así pues el que tiene sabiduría es necesariamente un ser divino y virtuoso".

"El hombre si no piensa, sus actos serán animales y no participará en absoluto de la humanidad más que en el hecho de ser sujeto corporal cuyo aspecto externo es de un hombre.

"Todo el que prefiere su materialidad a cualquier cosa de su espiritualidad no podrá alcanzar el fin último. Por tanto no habrá un sólo hombre material que sea feliz, mientras que todo hombre feliz será espiritual".

-Carta de la despedida.

"La ciencia divina es la que se logra únicamente con la ayuda de Dios".

-Tratado de la unión del intelecto con el hombre.

"El que obedece a Dios y hace lo que le complace, Él le premiará con el Intelecto y pondrá ante él una luz que le guíe. Y quien desobedezca a Dios y realice los actos que no le complacen, será privado del Intelecto y permanecerá en las tinieblas de la ignorancia".

-El Libro de la generación y la corrupción.

"Cuando las formas alcanza lo último, se alcanza aquella perfección motriz, se liberan del todo y se libera aquel entendimiento al que pertenece esta idea, alcanzando algo totalmente inmaterial e inmóvil" .

-Sobre el fin del hombre.

Las potencias activas y las pasivas son la causa de la existencia y es por ellas por lo que algo existe. Veamos las potencias activas humanas, pues las pasivas pueden ser materiales o animales y el hom-

bre es demasiado excelso como para que se le relacione con ellas. La facultad de aprender es una potencia pasiva, pero bajo otro aspecto. En suma, no es el propósito de este discurso resumir todas ellas, sino [solamente] aquello que conviene comprender.

La potencia activa es como el arte de la gramática, por la cual se hace la gramática. Ella persigue únicamente la perfección, deteniéndose [luego]. La repetición de su acto, únicamente se lleva a cabo con el alma apetitiva y con la opinión. Ahora bien, lo que es por causa del alma apetitiva, es como lo que hace el agente que únicamente desea hacer. Y lo que es por opinión consiste en actuar para conseguir otro objetivo, cual es la utilidad de aquel acto. Es evidente que el alma apetitiva desea algo perpetuo o algo en cuanto que es perpetuo. A este deseo se le llama actividad y la privación de este deseo es pereza, apatía y otras cosas parecidas. Con este deseo se lleva a cabo el acto que produce la perpetuidad a partir de las potencias. Y este deseo es puramente animal no siendo en absoluto privativo del hombre. Por eso, todo el que hace un acto cualquiera de esta manera, realiza un acto animal. Es evidente que el hombre, cuando actúa de esta forma, únicamente actúa no en cuanto que es hombre sino en cuanto que es animal [dotado] de imaginación humana. Y es claro que de la eternidad únicamente consigue esta cantidad, a saber, sólo la cantidad de perpetuidad que se ha concedido a las facultades animales.

IBN RUSHD, AVERROES

Nace: 1126 - Muere: 1198

Ibn Rushd, a menudo latinizado como Averroes fue un autor andalusí. Escribió sobre lógica, filosofía aristotélica e islámica y teología.

Averroes nació en Córdoba y murió en Marrakech. Era un defensor de la filosofía aristotélica contra los teólogos asharitas dirigidos por Al Ghazali. Aunque muy considerado como un erudito legal de la escuela de ley islámica Maliki , las ideas filosóficas de Averroes fueron consideradas controvertidas en los círculos musulmanes asharitas. Mientras que Al Ghazali creía que cualquier acto individual de un fenómeno natural ocurría solo porque Dios quería que sucediera, Averroes insistía en que los fenómenos seguían las leyes naturales que Dios había creado.

Averroes tuvo un mayor impacto en la Europa cristiana, siendo conocido por el apodo de "el comentarista" por sus detalladas enmiendas a Aristóteles. Las traducciones latinas del trabajo de Averroes abrieron el camino a la popularización de Aristóteles.

Averroes nació en Córdoba en el seno de una familia con una larga y respetada tradición de servicio legal y público. La educación de Averroes siguió un camino tradicional, comenzando con estudios en lingüística, jurisprudencia y teología escolástica. A lo largo de su vida, escribió extensamente sobre filosofía, religión, metafísica y psicología. Generalmente se cree que una vez fue tutelado por Ibn Bajjah (Avempace). Su educación médica fue dirigida por Abu Jafar ibn Harun de Trujillo en Sevilla. Averroes comenzó su carrera con la ayuda de Ibn Tufail visir del rey almohade Abu

Yaqub Yusuf, que era un aficionado de la filosofía y la ciencia. Fue Ibn Tufail quien lo presentó a la corte y a Ibn Zuhr ("Avenzoar"), el gran médico musulmán, que se convirtió en el maestro y amigo de Averroes. También estudió las obras y la filosofía de Avempace, otro famoso filósofo islámico que influyó mucho en su propio pensamiento averroísta.

Sin embargo, aunque el pensamiento de sus mentores Ibn Tufail e Ibn Bajjah eran en cierto modo místicos, el pensamiento de Averroes era puramente racionalista. Juntos, los tres hombres son considerados los mejores filósofos andaluces. Averroes dedicó los siguientes 30 años a sus escritos filosóficos.

En 1160, Averroes se hizo *Qadi* (juez) de Sevilla y sirvió en muchos nombramientos de la corte en Sevilla, Córdoba y Marruecos durante su carrera. En algún momento durante el reinado de Yaqub al-Mansur, su carrera política se terminó bruscamente y se enfrentó a severas críticas por parte de los Fuqaha (juristas islámicos) de la época. Sus puntos de vista estrictamente racionalistas colisionaron con los puntos de vista más ortodoxos de Abu Yusuf Ya'qub al-Mansur, desterrándole en 1195 y ordenando que sus escritos fueran quemados, aunque anteriormente lo había nombrado como su médico personal. A Averroes no se le permitió regresar a Marrakech hasta 1197, poco antes de su muerte en el año 1198. Su cuerpo fue devuelto a Córdoba para su entierro.

Los primeros escritos de Averroes datan año 1157, cuando tenía 31 años. Sus trabajos se extendieron más de 20.000 páginas que cubren una variedad de temas diferentes, incluyendo la filosofía, lógica, medicina, matemáticas, astronomía, gramática, teología, sharia y jurisprudencia.

En particular, sus obras más importantes versaron sobre filosofía islámica, medicina y jurisprudencia. Escribió al menos 80 obras originales, que incluyeron 28 obras sobre filosofía, 20 en la medicina, 8 en la ley, 5 en la teología, y 4 en la gramática, además de sus comentarios sobre la mayor parte de las obras de Aristóteles y su comentario de *La República* de Platón.

Los comentarios de Averroes sobre Aristóteles fueron la base del avivamiento aristotélico en los siglos XII y XIII. Escribió comentarios sobre el trabajo de Aristóteles en lógica, física y psicología. Los largos comentarios de Averroes proporcionaron un profundo análisis, línea por línea, de las principales obras de Aristóteles (excepto su *Política*, a la que no tuvo acceso).

Su obra filosófica original más importante fue *La destrucción de la destrucción* (*Tahafut al-tahafut*), en la que defendió la filosofía aristotélica contra las afirmaciones de Al-Ghazali en *La destrucción de los filósofos* (*Tahafut al-falasifa*).

En *Fasl al-Maqal fi ma bayn al-Hikma wa al-Shariah min Ittisal* (traducido como *Armonía de la religión y la filosofía* , o *Tratado decisivo que determina la naturaleza de la relación entre Religión y Filosofía*), Averroes argumenta que la filosofía y la revelación no se contradicen entre sí, y son esencialmente medios diferentes de alcanzar la misma verdad. Sin embargo, advierte contra la enseñanza de métodos filosóficos a la población en general.

Otras obras incluyen *Distinguido jurista, Damima* y *Libro de las generalidades de la medicina.* Averroes es también un erudito legal muy respetado de la escuela Malikí . Tal vez su obra más conocida en este campo es *Bidāyat al-Mujtahid wa Nihāyat al-Muqtaṣid*, un libro de texto de la doctrina Malikí en un marco comparativo.

Averroes promovió la tradición de la filosofía griega en el mundo islámico. Sus comentarios eliminaron el sesgo neoplatónico de sus predecesores. Criticando el intento de Al-Farabi de fusionar las ideas de Platón y Aristóteles, Averroes argumentó que la filosofía de Aristóteles divergía significativamente de la de Platón. Rechazó el neoplatonismo de Avicena que se basó en parte en las obras de filósofos neoplatónicos, Plotino y Proclo, que fueron erróneamente atribuidas a Aristóteles.

En metafísica, o más exactamente en ontología, rechaza la idea de Avicena de que la existencia es meramente accidental. Avicena sostiene que "la esencia es ontológicamente anterior a la existencia". Los accidentes son atributos que no son esenciales, sino que son características contingentes adicionales. Averroes, siguiendo a Aristóteles, sostiene que las sustancias individuales existentes son primarias. Uno puede separarlos mentalmente; sin embargo, hablando ontológicamente, la existencia y la esencia son una. Esto representa un cambio de la teoría de ideas de Platón, donde las ideas preceden a los particulares, a la teoría de Aristóteles donde los detalles son lo primero y la esencia es alcanzada por un proceso de abstracción.

Averroes es famoso por sus comentarios sobre las obras de Aristóteles, que en su mayoría habían sido olvidadas en occidente. Antes de 1150, solo algunas de las obras de Aristóteles existían traducidas en la Europa latina, aunque la tradición de los grandes filósofos y poetas de la antigüedad continuó siendo estudiada y copiada en Bizancio. Hasta cierto punto, a través de las traducciones al latín de la obra de Averroes que comenzó en el siglo XIII, el legado de Aristóteles se recuperó en el Occidente latino.

El trabajo de Averroes sobre Aristóteles abarca casi tres décadas, y escribió comentarios sobre casi toda la obra de Aristóteles, excepto la *Política* de Aristóteles , a la que no tuvo acceso. Las traducciones hebreas de su trabajo también tuvieron un impacto duradero en la filosofía judía. Maimonides, Samuel Ben Tibbon, Juda Ben Solomon Choen y Shem Tob Ben Joseph Falaquera fueron filósofos judíos influenciados por Averroes. En lo que respecta a la filosofía musulmana, en su obra *El Tratado decisivo*, enfatiza la importancia del pensamiento analítico como un requisito previo para interpretar el Corán. Sin embargo, debido a que su muerte coincidió con un cambio en la cultura de Al-Andalus, Averroes no tuvo mayor influencia en el pensamiento filosófico islámico hasta los tiempos modernos. Aquellos filósofos islámicos que hicieron comentarios sobre su trabajo a menudo condenaron sus escritos como poco ortodoxos.

En el Occidente cristiano, las ideas de Averroes fueron asimiladas por Sigerio de Brabante y Tomás de Aquino y otros (especialmente los de la Universidad de París) que se situaron en la tradición escolástica cristiana, que valoraba la lógica aristotélica. Dicho esto, famosos escolásticos como Tomás de Aquino no se refirieron a Averroes por su nombre, refiriéndose a él simplemente como "El comentarista" (con Aristóteles a su vez recibiendo el apodo de "El filósofo"). En última instancia, Averroes recibió una recepción mixta de la Europa cristiana: mientras que fue muy respetado por sus comentarios detallados sobre las obras de Aristóteles, su filosofía personal, que llegó a ser conocido como el averroísmo, fue criticada por no ser compatible con la doctrina cristiana.

Selección de textos

-Comentarios sobre El Alma de Aristóteles

La facultad pensativa en Aristóteles es la que capta lo individual, por lo que no puede captar algo sino individualmente, no universalmente. (...) Esto lo dice abiertamente Aristóteles en aquel libro [De sensu et sensato], cuando afirma ser de cuatro órdenes las distintas facultades que se refieren a lo individual: el sentido común, la imaginación, la pensativa y la rememorativa. Y afirma que la rememorativa es más espiritual, luego la pensativa, la imaginativa y por último la [facultad] sensible. Por tanto, aunque el hombre posee propiamente la facultad de pensar, sin embargo eso no implica que esa facultad sea la que capte lo racional; pues una tal facultad [racional] capta las ideas universales, no individuales.

Son tres las facultades explicadas en el De sensu et sensato: la imaginativa, la pensativa y la rememorativa; esas tres facultades están en el hombre para presentar la forma de la cosa imaginada, cuando los sentidos están ausentes, y por eso se dijo allí que, cuando cooperan entre sí esas tres facultades, representan la cosa individual tal como es en su ser, aunque nosotros no la estemos sintiendo.

Y por la expresión intelecto pasible [Aristóteles] se refiere a las formas de la imaginación en cuanto actúa sobre ellas la facultad pensativa, propia del hombre. Esta facultad es como una razón, y su actividad consiste en situar la idea de la forma imaginada junto con su correspondiente individuo, en su rememoración (...). Sin la facultad imaginativa y la pensativa el intelecto llamado "material" nada puede entender. Estas dos facultades son como los elementos que preparan la materia para que el artífice [el intelecto agente] pueda ejercer en ella su acción.

Esa idea individual es la que capta la facultad cogitativa a partir de la forma imaginada, y la purifica de lo que se le fue añadiendo como sensibles comunes y propios, ubicándola [esa idea] en la memoria.

-Doctrina decisiva y fundamento de la concordia entre la revelación y la ciencia.

«Puesto que según la Religión positiva el estudio del raciocinio intelectual y sus especies es tan obligatorio como el estudio del raciocinio jurídico, resulta evidentemente que si ninguno de los que nos han precedido se hubiera consagrado a estudiar la naturaleza y especies del razonamiento filosófico, estaríamos obligados nosotros a inaugurar esta labor a fin de que los que vengan en pos de nosotros puedan encontrar ayuda en esta materia de quienes íes han precedido, y así se vaya progresivamente perfeccionando la ciencia en esta materia (...)

De consiguiente, es indudable que debemos servimos, como de ayuda para nuestros estudios filosóficos, de las investigaciones realizadas por todos los que nos han precedido en la labor, y esto, lo mismo si fueron correligionarios nuestros, como si profesaron religión distinta... Y me refiero, al hablar de los no correligionarios nuestros, a los filósofos antiguos que sobre tales materias especularon antes de la predicación del Islam»

«De esto resulta evidente que en nuestra religión es cosa obligatoria el estudio de los antiguos, puesto que la intención de ellos y su designio en sus libros es el designio mismo a que nos incita la Ley divina. Por consiguiente, quien prohíbe la especulación al que es apto para el estudio especulativo, aparta a los hombres de la puerta por donde la Ley divina los llama al conocimiento de Dios, que es la puerta de la especulación.»

-La destrucción de la destrucción

«Según los filósofos el mundo se parece a una ciudad; como la ciudad se constituye por un solo jefe primero que domina a muchos otros jefes, el mundo lo es igualmente. Los filósofos además han descubierto que aquel que da a los seres separados su fin es el mismo que les confiere su existencia, pues en este tipo de seres la forma y el fin son idénticos; y as{ aquel que da el fin es quien da la forma; luego el que da la forma es el agente. Así pues, parece que el Principia Primero es el principia de todos estos principios en tanto que es el Agente, la Forma y su Fin. En cuanto a su relaci6n con los seres sensibles, en tanto que es El quien les da su unicidad y que esta es causa de la existencia de la multiplicidad de la cual constituye un lazo, El será principia en tanto que Agente, Forma y Fin. Todos buscan pues su fin y se mueven hacia el, cada uno con un movimiento propio de su razón de ser, natural para todos, voluntario para el hombre; y por esto el hombre es entre ellos el único responsable y el único confidente.»

«Observamos en nosotros una diferencia entre ambos estados (movimiento por elección y movimiento convulsivo) expresando tal diferencia por la palabra poder. Llegamos a conocer que lo que sucede con los dos miembros (de la división) ambos posibles, es la creación por Dios del movimiento con poder (en nosotros) para realizarlo en un caso (movimiento libre) y sin poder para realizarlo

en el otro (movimiento convulsivo). »

«Resulta evidente que el ser existente tiene un agente creador. Por esto quien desee conocer la existencia de Dios con conocimiento exacto, debe necesariamente tratar de conocer la sustancia de las cosas para comprender así el origen real de creación de todos los seres, pues quien no conoce la sustancia de la cosa, tampoco conoce ni la razón sustancial de su origen por creación.

La providencia primera que existe en nosotros es la de Dios (sea bendito y ensalzado), quien es causa de todo lo que habita en la tierra. Todo bien puro que aquí exista procede de Él y es querido por su voluntad.»

JUAN GIL DE ZAMORA

Nace: 1241 - Muere: 1318

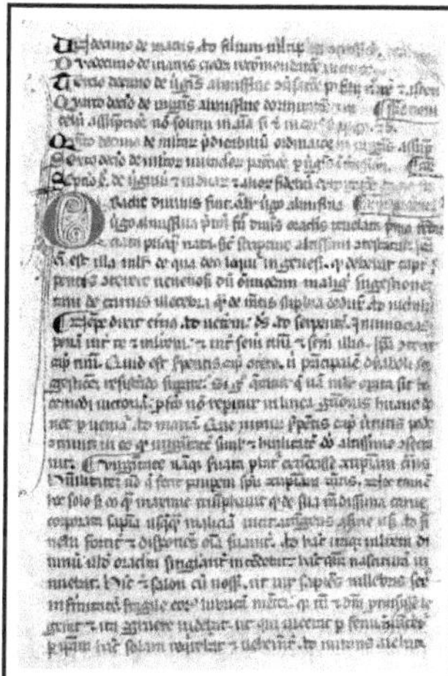

Fray Juan Gil de Zamora, también conocido como Fray Egidio , fue uno de los principales intelectuales de la Edad Media en España. Escritor enciclopédico, escribió sobre medicina, historia, música, biología y gramática, además de componer poesía sacra, sermones para la predicación y obras enciclopédicas.

No sabemos con certeza su fecha de nacimiento, pero si que nació en la ciudad de Zamora (España), aunque se dice que podría haber sido en torno al año 1241. Ingresó en la orden franciscana a finales de la década de 1260 y participó en la fundación del monasterio franciscanos en la ciudad de Zamora. Incluso se dice que estuvo presente en el hallazgo de los restos de San Ildefonso el 26 de mayo de 1260.

En 1266 se sabe que era diácono en el Convento de San Francisco el Grande de Madrid, estudió en Santiago de Compostela y en 1272 o 1273 fue enviado a París, que en aquel momento veía como San Buenaventura luchaba contra el averroísmo en la Sorbona. Allí estuvo cuatro años y en 1276 obtuvo el grado de maestro en Teología. Podría haber estado también en Toulouse como profesor, pero el caso es que regresó a Castilla ocupando importantes cargos en la corte de Alfonso X (1252-1284) como *scriptor*, secretario regio y preceptor del infante don Sancho, futuro Sancho IV el Bravo (1284-1295).

En Zamora alcanzó cargos de relevancia e importancia como lector del estudio de los franciscanos en la ciudad. Llegó a ser Vicario

Provincial de la provincia de Santiago hacia 1295. También fue *custos custodium* de esta provincia. Acabó siendo Ministro de la Provincia de Santiago entre 1300 y 1318, en cuya calidad acudió a algunos capítulos generales de la orden, como el de Asís (en 1304) o Barcelona (1313). Estuvo en buena sintonía con los monarcas Fernando III, Alfonso X o Sancho IV y se cree murió en edad avanzada, en torno a 1318.

Fue un gran erudito, representante del humanismo del siglo XIII en la corte del rey Alfonso X el Sabio, para quien trabajó como colaborador en su extensa obra tanto laica como religiosa; en este último aspecto su labor se centró casi exclusivamente en la vida y milagros de la Virgen y algunos santos, y es muy posible que por orden real compilase leyendas marianas que luego sirvieron al Rey Sabio para elaborar las *Cantigas de Santa María*.

Consagrado a María está el *Liber* Mariae donde acoge multitud de milagros atribuidos a su intervención. Algunas de sus obras no se conservan, pero entre otras destacan una alabanza general de Hispania, *De preconiis Hispanie*, un *Dictaminis Epithalamium*, intento de establecer un modelo de prelado virtuoso, y otras que él mismo menciona: *Armarium Scripturarum*, un *Angelorum tractatum diffusum et copiosum admodum*, según sus propias palabras, y una obra *De hystoria ciuili*. También tuvo inquietudes científicas: escribió *Contra venena et animalia venenosa*, menciona un *De piscibus* y otras obras como *De electuariis, De emplastris, De conceptu et parto*.

Fue también escritor enciclopedista y escribió una *Historia Naturalis siue De rerum naturis* inserta en la misma tradición que las obras del franciscano Bartolomé Anglico (1245) y de los dominicos Tomás de Cantimpré (1228-1248) y Vicente de Beauvais (1250), a los que sigue en muchas ocasiones. Además escribió panegíricos de San Pablo, Santiago y Santo Tomás y las vidas de los reyes Fernando III el Santo. Alfonso X el Sabio y Alfonso XI y los santos San Apeles y San Borondón, monje aventurero y viajero del siglo VI. También se conservan 85 sermones suyos. Toda su obra hagiográfica forma parte de otra de carácter enciclopédico más extensa titulada *De viribus.*

Selección de textos

-Educación del príncipe

«Conmino a que corrijáis a los tiranos, consoléis a los afligidos, enseñéis a los pueblos, induzcáis a temor a los malhechores, liberéis a los clérigos, humilléis a los soberbios, protejáis a los humildes siendo morigerado en las costumbres, ferviente en la complacencia, moderado en las alianzas, clemente para con el delito, fuerte en la paciencia, dispuesto a la concordia, rígido en la censura, recto en los juicios, modesto en el hablar, discreto en el mando, industrioso al administrar; decidido en la acción, dispuesto a ayudar, fiable en el consejo y misericordioso en las respuestas.., devoto con los religiosos, benigno con los humildes, misericordioso para quienes lo piden, inflexible con los obstinados.»

«La sabiduría en manos del poderoso es como una espada espiritual; es la honda en la que David puso los tres guijarros con los que abatió a Goliat.»

«Consulte el rey al sacerdote porque él es luz en las cosas divinas, y es compañero y norma en lo que se refiere al pueblo. Y hónrelo como a padre, óigalo como a maestro, témalo como a juez corrector suyo y del pueblo, ámelo como conservador y generador de toda la felicidad por la que se unen en un solo cuerpo y perseveran en la unidad el rey, el clero, los barones y caballeros y la infinita milicia de los pueblos»

-Historia naturalis

Las abejas nombran sus propios reyes, organizan sus propios pueblos y, aunque están bajo el mando de un rey, son sin embargo libres. Al rey nuevo lo quieren con un afecto natural y lo protegen con todos sus medios y consideran un honor dar la vida por él. Muestran tal respeto hacia su rey que ninguna se atreve a salir de casa ni en busca de comida antes que salga el rey y ejerza su derecho a volar primero. Eligen las abejas para rey suyo al más corpulento, al más bello y, cosa que es importantísima en un rey, al que más destaca por su mansedumbre; porque el rey de las abejas, aunque tiene aguijón, nunca lo utiliza para castigar

-Ars musica

Tan rica es la utilidad de la música, según describieron los antiguos, que por aquel entonces era tan infame no saber música como no conocer la literatura, dice Isidoro en el pasaje antes citado. Por este motivo nunca ha faltado en sacrificios, bodas, banquetes, ni siquiera en la guerra; y lo que es más sorprendente, siempre estuvo presente en los funerales.

De ahí que Beato Isidoro afirma que si falta la música en la educación, jamás será ésta una educación perfecta. Estimula las pasiones, agudiza los sentidos, da valor a los combatientes y cuanto más enérgico es el sonido de la trompeta, más fortalece el espíritu de lucha; alegra a los afligidos, aterroriza al cobarde cuando el sonido de la trompeta enemiga llega a sus oídos, suaviza las fatigas del pastor y otras labores; cura a los anémicos, calma la excitación de las almas, inhibe las cuitas y preocupaciones; reprime y frena los impulsos violentos y, por decirlo en pocas palabras, según Isidoro, a los animales, serpientes, pájaros y delfines los atrae prodigiosamente la audición de una melodía. Pero lo que más sorprende es el hecho de que puede extraer y expulsar espíritus malignos de los cuerpos mediante cierta maravillosa y arcana virtud divina.

Ciertamente, hemos leído que los espíritus moran en cuerpos humanos, y el Altísimo lo permite con justicia debido a los diversos estados de pecado en los hombres; y que cuando a través de una melodía armoniosa el cuerpo pasa a un estado antitético, como de una profunda aflicción a la alegría, el espíritu maligno se marcha. De ahí que el maestro, autor de Historia Escolástica, dice que cuentan los astrólogos que muchos espíritus no pueden soportar la armonía, o más bien, ninguno de ellos debido tal vez al estado antitético que produce la armonía en los cuerpos en que moran aquéllos.

Según esto, las Escrituras, inspiradas por Dios, en el capítulo 15 del libro I de Reyes, cuentan que al atacarle a Saúl un espíritu maligno, sus criados le dijeron: hazte con los servicios de un músico experto en la cítara, y te pondrás mejor (el término psaltes se refiere genéricamente a cualquier músico experto). Y sigue el pasaje en que David tocaba la cítara en presencia de Saúl puesto que un espíritu le atormentaba, y Saúl iba recobrando su salud, mejoraba y el espíritu maligno salía finalmente de su cuerpo: espíritu por su naturaleza, maligno por su pecado. También el filósofo Asclepiades devolvió a un perturbado a su anterior estado de equilibrio mental, según atestigua Beato Isidoro, por medio de una melodía con acompañamiento armónico.

FRANCESC EIXIMENIS

Nace: 1330 - Muere: 1409

Francesc Eiximenis fue un escritor franciscano catalán que vivió en la Corona de Aragón del siglo XIV . Posiblemente fue uno de los escritores catalanes medievales más exitosos, ya que sus obras fueron ampliamente leídas, copiadas, publicadas y traducidas. Por lo tanto, se puede decir que tanto en la esfera literaria como en la política tuvo mucha influencia.

Entre sus lectores se contaban personas importantes de su tiempo, como los reyes de la Corona de Aragón, Pedro IV, Juan I y Martín I, la reina María de Luna (esposa de Martín I), y el Papa de Aviñón Benedicto XIII.

Francesc Eiximenis nació alrededor de 1330, posiblemente en Girona. Cuando era muy joven, se convirtió en franciscano y su educación comenzó en las escuelas franciscanas de Cataluña. Más tarde, asistió a las universidades más importantes de Europa: la Universidad de Oxford y la Universidad de París. La Universidad de Oxford lo influenció notablemente, ya que los franciscanos tenían allí una escuela importante.

Así, varios franciscanos ingleses son los pensadores que más influyeron en Eiximenis, como Robert Grosseteste (a quien Eiximenis llama *Linconiensis* , ya que fue obispo de Lincoln), Juan de Gales, Richard Kilvington, Alejandro de Hales, Richard de Middleton, Thomas Bradwardine, Guillermo de Ockham, Juan Duns Scoto. En 1371 hubo un intento de llevarlo a la Universidad de Lleida como profesor. Pero carecía del título de Doctor en Teología (*magister en sacra pagina*), por lo que este intento no fue más allá. Eiximenis adquirió este título en 1374 en la Universidad de Toulouse, con la ayuda financiera y el apoyo del rey Pedro IV.

Eiximenis regresó posteriormente a Cataluña, donde fue considerado un intelectual muy importante. Tuvo buena relación con el Tribunal de la Corona de Aragón y con la clase social gobernante de Barcelona y Valencia. La mayoría de sus obras fueron escritas en Valencia, donde permaneció desde 1382 hasta 1408. Allí fue asesor de los *jurats* (representantes de la ciudad) y del *Consell* (órgano de gobierno de la ciudad).

En Valencia, la actividad de Eiximenis, además de sus tareas literarias, fue incansable. 1391 fue un año muy difícil para la ciudad y el reino de Valencia, ya que había muchos problemas sociales. Entonces Eiximenis organizó una especie de "ejército orante" en algunos monasterios y conventos de los alrededores de Valencia. En 1392, él y otras personas recibieron la tarea de revisar los libros judíos que fueron robados durante el Pogrom de 1391 . A fines de 1397 fue miembro de una comisión que debería asesorar al rey Martin I sobre el cisma occidental. En 1397 y 1398 emprendió la organización de dos cruzadas de valencianos y mallorquines contra los piratas musulmanes del norte de África. En 1399 Eiximenis también fue presidente de una comisión que buscaba unificar todas las escuelas de Valencia. El Consell lo rechazó en 1400, pero este intento fue de todos modos un claro primer paso hacia la Universidad de Valencia, que se fundó oficialmente en 1499. Los últimos años de Eiximenis en Valencia (1404-1408) se dedicaron a la fundación y la investidura del convento franciscano de Sant Esperit (en Gilet, cerca de Sagunto). Este convento fue fundado por la reina María de Luna.

En 1408 Eiximenis participó en el Consejo de Perpiñán. Allí el Papa de Aviñón Benedicto XIII lo nombró primer Patriarca de Jerusalén y más tarde administrador apostólico (obispo interino) de la diócesis de Elna (antiguo nombre de la diócesis de Perpiñán). Eiximenis murió en Perpiñán posiblemente el 23 de abril de 1409. Las obras de Eiximenis tuvieron mucho éxito en su época, como lo demuestran más de 200 manuscritos de sus obras que han sobrevivido. Otro ejemplo fue el *Psaltiri devotíssim* (traducción al catalán de 100 de las 344 oraciones del *Psalterium alias Laudatorium*). La edición incunable de este libro tuvo 2000 copias, es decir, más del doble de las dos ediciones del Tirant lo Blanc (Valencia 1490 y Barcelona 1497). Fue la mayor edición de incunables de toda la literatura catalana medieval .

También hubo muchas traducciones durante los siglos XV y XVI. El *Llibre de les Dones* fue traducido al español. Una de las traducciones al español se usó para la educación de las cuatro hijas de los Reyes Católicos. El *Llibre dels Àngels* tuvo un gran éxito internacional y fue traducido a varios idiomas: español, latín, francés e incluso flamenco (posiblemente fue el único libro de la literatura medieval catalana que se tradujo a ese idioma). Y la *Vida de Jesucrist* fue traducida al español y al francés.

Finalmente, hay otros dos ejemplos que muestran la difusión internacional de las obras de Eiximenis. En primer lugar, la traducción francesa del *Llibre dels Àngels* fue el primer libro que en 1478 se imprimió en Ginebra. En segundo lugar, la traducción al español de la *Vida de Jesucrist* fue el primer libro que se imprimió en Granada en 1496 después de la conquista de la ciudad por los Reyes Católicos.

Selección de textos

-Gobierno de la República*s ojos y las orejas son los jueces y los oficiales; los brazos son aquellos que defienden a la república, o sea, los caballeros y los hombres de armas; el corazón son los consejeros; las partes generativas son los predicadores e informadores; los muslos y piernas son los artesanos; los pies que pisan la tierra son los campesinos que la cultivan y la trabajan, por su oficio, permanentemente.*

Los ricos hombres ciudadanos, asimismo deben atender al estudio y a leer en sus casas libros importantes que traten de la administración de la comunidad y de su vida o de cualquier cosa provechosa; y deben adquirir sabiduría, de manera que puedan gobernar y aconsejar acertadamente a la república cuando se les solicite, y dar sanos consejos en tiempo y lugar, y que se sepan gobernar bien.

JUAN LUIS VIVES

Nace: 1492 - Muere: 1540

Juan Luis Vives fue un erudito español y humanista del Renacimiento que pasó la mayor parte de su vida adulta en el sur de los Países Bajos. Sus creencias sobre el alma, la comprensión de la práctica médica temprana y la perspectiva de las emociones, la memoria y el aprendizaje le valieron el título de "padre" de la psicología moderna . Vives fue el primero en arrojar luz sobre algunas ideas clave que establecieron cómo percibimos la psicología hoy.

Vives nació en Valencia en una familia que se había convertido del judaísmo al cristianismo. Cuando era niño, vio a su padre, abuela y bisabuelo, así como a miembros de su familia más amplia, ejecutados como judaizantes a instancias de la Inquisición española; su madre fue absuelta pero murió de peste cuando tenía 15 años. Poco después, dejó España para nunca regresar.

Mientras todavía estaba en España, asistió a la Academia de Valencia, donde fue enseñado por Jerome Amiguetus y Daniel Siso. La escuela estaba dominada por la escolástica, con la dialéctica y la disputa jugando un papel central en la entrega de la educación.

Vives estudió en la Universidad de París de 1509 a 1512, y en 1519 fue nombrado profesor de humanidades en la Universidad de Lovaina. Ante la insistencia de su amigo Erasmo, preparó un elaborado comentario de *De Civitate Dei* de San Agustín , que fue publicado en 1522 con una dedicación a Enrique VIII de Inglaterra. Poco después, fue invitado a Inglaterra, y actuó como tutor de la Princesa María, para cuyo uso escribió *De ratione studii pue-*

rilis epistolae duae (1523) y, ostensiblemente, *De Institutione Feminae Christianae*, sobre la educación de las niñas (un libro que dedicó a la reina inglesa Catalina de Aragón).

Mientras estuvo en Inglaterra, residió en Corpus Christi College, Oxford, donde Erasmus tenía fuertes lazos. Vives se hizo doctor en leyes y daba conferencias sobre filosofía. Habiéndose declarado en contra de la anulación del matrimonio de Enrique VIII y Catalina de Aragón, perdió el favor real y estuvo confinado a su casa durante seis semanas. En su liberación, se retiró a Brujas, donde dedicó el resto de su vida a la composición de numerosas obras, principalmente dirigidas contra la filosofía escolástica y la autoridad incontestable preponderante de Aristóteles. El más importante de sus tratados es *De Causis Corruptarum Artium*.

Su trabajo pedagógico más importante es *Introductio ad sapientiam* (1524); *De disciplinis* , que hizo hincapié en la importancia urgente de programas de educación y estudio más racionales; *De prima philosophia* ; y la *Exercitatio linguae latinae* , que es un libro de texto en latín que consiste en una serie de diálogos brillantes. Sus trabajos filosóficos incluyen *De anima et vita* (1538), *De veritate fidei Christianae*; y "*De Subventione Pauperum Sive de Humanis Necessitatibus*" (Sobre la asistencia a los pobres) (1526), el primer tratado de este tipo en el mundo occidental para tratar el problema de la pobreza urbana y proponer sugerencias concretas para una política de legislación social. Vives detectó a través del análisis filológico que el supuesto autor de la llamada *Carta de Aristeas*, que pretendía describir la traducción bíblica de la Septuaginta, no podría haber sido un griego, sino un judío que vivió después de los acontecimientos que describió.

Murió en Brujas en 1540, a la edad de 47 años y fue enterrado en la Catedral de San Donato. Vives imaginó y describió una teoría integral de la educación. Puede haber influido directamente en los ensayos de Michel Eyquem de Montaigne. Fue admirado por Tomás Moro y Erasmo.

Vives es considerado el primer erudito en analizar la psique directamente. Hizo extensas entrevistas con personas, y notó la relación entre su exhibición de afecto y las palabras particulares que usaron y los temas que estaban discutiendo. Si bien se desconoce si Freud estaba familiarizado con el trabajo de Vives, el historiador de la psiquiatría Gregory Zilboorg consideraba a Vives como un padrino del psicoanálisis y el padre de la psicología moderna. Su idea de una educación infantil diversa y concreta precedió mucho a Jean Jacques Rousseau, y pudo haber influenciado indirectamente a Rousseau a través de Montaigne.

Selección de textos

-Introducción a la sabiduría

"Cuánto uno es más generoso y bien educado, tanto más se muestra a todos manso y afable; de manera que la esquivez y rudeza nacen de la vileza y tosquedad y falta de saber, de donde la ciencia de las Artes se llama Humanidades".

-Tratado del alma

"Las almas humanas están dotadas de mente y razón, cosa que es más que celeste: es divina, por lo que conocen a Dios y le aman, y por ello, con su descenso todo lo arrastran consigo".

"Un hombre instruido, ya bien firme en su propósito, y rico de los recursos que el estudio le granjeó, consagra su atención al gobierno de la vida (siempre que sea de buena fe, cosa que pocos pueden conseguir de sí mismos, porque creen no ser cosa que valga la pena), pero, de todas maneras, se consagra a él, se adelanta a todos los demás de larguísimo trecho y manifiesta evidentemente cuánta distancia hay entre la ignorancia y la cultura".

-De las disciplinas

"Los niños deben acostumbrarse a tomar gusto en las cosas buenas y a encariñarse con ellas, a disgustar (amohinarse) por las malas

y tomarlas en aborrecimiento. Acomódense las opiniones a su capacidad, pues no de improviso (antuvión) comprenden lo soberano y absoluto".

"Puesto que la Naturaleza no industrió al hombre en cosa alguna, todo tiene que averiguarlo con su capacidad, con su esfuerzo, con su experiencia, con su desvelo; se engaña con frecuencia y se descarría más de lo que conviene."

"El padre, si en su mano estuviere, proporcione a su hijo un ayo sin tacha ni mancilla y sea enseñado por él, si está en condiciones de enseñar. [...] Si de ninguna manera se lo puede proporcionar o no sea tal que pueda recibir de él una buena formación, envíele a la escuela pública de la ciudad y elija un deudo o un afín o un amigo de toda confianza a quien envíe el muchacho con alguna frecuencia para que le rinda cuenta de sus estudios y cuide de la formación de sus costumbres."

"En la sociedad humana, de quien es propio usar de moderación y razón, fue razonable que cada cual no tomare las cosas ni bruscamente, ni violentamente, ni con golpes de mano, como las fieras montesinas, sino con reserva y moderación, según el juicio, bien formado y educado, lo persuadiese. De ahí debió de nacer la prudencia, que vino a ser como el timón y gobierno de la nave y cuya aplicación es muy frecuente en todo el discurso de la vida, [...] Aquí estriba toda la razón de la vida publica y privada y no hay edad alguna que de ella deba o pueda carecer, puesto que se ha de vivir a estilo humano."

"Cuando el niño fuere conducido a la escuela de la mano de su padre, hágasele entender al padre que no ha de buscarse la instrucción como un medio para que el chico se vaya a comer la sopa boba. [...] Declárésele que el fin de la instrucción que va a recibir es porque el mozuelo sea más ilustrado y por ende, mejor."

-Diálogo de la lengua latina

"Padre.- ¿Cómo lo conoces? ¿Qué tienes tú ahora más que el perro?

Pero ahí está la diferencia, que él no puede hacerse hombre; tú sí, si quieres.

Muchacho.- Ruégote, padre mío que hagas eso cuanto antes.

Padre.- Así sería, si fueres allá donde van bestias y tornan hombres.

Muchacho.- Iré, padre, con muchísimo agrado; pero ¿donde está ese lugar?

Padre.- En la escuela."

-En qué se trata el arte de enseñar

Aquellos que sean promovidos al magisterio, séanlo no solamente por consideración de su doctrina, sino también por su moralidad. Toda doctrina a la cual no corresponda la conducta, resulta perniciosa y menguada. La buena conducta, aún no acompañada de doctrina, indudablemente es digna de elogio, pero no por ello es asumida para la enseñanza, pues no es el suyo aquel lugar.

-Socorro de los pobres

Los niños de la tierra tengan su hospital donde se críen; los que tengan madres ciertas, críenlos ellas mismas hasta los seis años, y sean trasladados después a la escuela pública, donde aprenden las primeras letras y buenas costumbres y sean allí mantenidos. Aprendan los niños a vivir con sobriedad, pero con aseo y pureza, y a contentarse con poco; apárteseles de todos los deleites y no se acostumbren a los regalos ni a la voracidad ni sean esclavos de la gula, la cual cuando les falte lo que les pida su apetito, desechado todo pudor, se darán a la mendiguez.

-De anima et vita

Todo conocimiento ha sido otorgado para desear el bien; el conocimiento sensible para el bien sensible, el conocimiento mental para el bien inteligible y para que, mediante el deseo del bien una vez conocido, vaya en pos de él hasta unírsele en el grado que le sea po-

sible. Solo así y no de otra manera será tal bien para el conocimiento, y su contrario será el mal para que lo rechace, lo evite y no se adhiera a él.

-De la verdad de la fe cristiana.

"La razón viene a ser una especie de rayo que Dios derivó de aquel hontanar perenne de su luz sobre la mente humana. De este rayo divino, dice San Juan en el Evangelio que ilumina a todo hombre que viene a este mundo. Es, pues nuestra razón como un arroyuelo emanado de la fuente de Dios. El mismo Dios es la luz de la razón y de la verdad y así como Él no puede ser contrario a Sí mismo, así tampoco puede serlo la razón informada por la verdad."

-Deberes del marido.

"Han de hablar los cónyuges entre sí con frecuencia y mucho de la religión de las costumbres, de cuán errado anda el vulgo, de la experiencia y práctica de la vida, del sobrellevar los azares de la Fortuna, de la conservación y administración de los bienes familiares, del arte de vivir, de la formación cristiana de los hijos, si los tienen; de la manera de hacerlos no ricos precisamente o descollados por algún emplco civil, sino buenos y piadosos."

ALONSO DE BARROS

Nace: 1554 - Muere: 1604

FILOSOFIA
Cortesana, moralizada por Alonso de Barros, criado del Rey nuestro señor.
Dirigida a Mateo Vazquez de Leca, del consejo de su Magestad y su secretario, y de la santa general Inquisicion, arcediano de Carmona, y canonigo en la santa yglesia de Seuilla.
Tassado en medio Real.

Alonso de Barros fue un escritor, humanista y paremiólogo español. Fue de noble linaje castellano, hijo de don Diego López de Orozco, gentilhombre de Cámara y aposentador del emperador Carlos V, y de doña Elvira de Barros. Su elevada posición social le abrió las puertas de la Corte y entró a servir sustituyendo como aposentador a su padre al fallecer este en 1563, primero con Felipe II y luego con su sucesor Felipe III, participando en los años sesenta en algunas campañas militares como la toma del Peñón de Vélez de la Gomera (1564), en Córcega y en el Socorro de Malta (1565). Hacia 1569 estaba ya de vuelta en España, pues arrienda unas casas en la parroquia de San Miguel de Segovia. En esta ciudad un hermano suyo, Sebastián López Orozco, era regidor y simultáneamente contador de la hacienda real.

En 1583 pide el empleo de ensayador de la casa de la moneda de Segovia, sin éxito, aunque cuatro años más tarde solicitó y consiguió la escribanía mayor de rentas de la merindad de Santo Domingo de Silos. En 1600 intentó transferir sus obligaciones de aposentador a Diego López de Burgos, pero se le denegó por no ser pariente suyo. Por su testamento, redactado el 1 de mayo de 1602, se sabe que gozaba de una buena posición económica y, al no haber contraído matrimonio, dejaba sus bienes (incluida una biblioteca de 151 tomos de los cuales una cuarta parte versaba sobre filosofía, política y moral y apenas cinco eran de entretenimiento, sin incluir siquiera un libro de caballerías), a su sobrino

Diego de Orozco y Fonseca. Por lo demás, vivió consagrado al estudio hasta su muerte, acaecida el 18 de agosto de 1604

Condenando la ideología política de los personajes a quienes dedicó sus obras (*Filosofía Cortesana* a Mateo Vázquez, *Proverbios morales*, a García de Loaysa y Girón), se puede deducir sin temor a equivocarse que Alonso de Barros se encontraba bajo la sombra de la facción denominada "castellanista", un partido que se forjó a la muerte de Diego de Espinosa (1572), bajo el patronato del secretario Mateo Vázquez, en dura oposición a otra facción vinculada a Roma (apoyada por Gregorio XIII), cuyas cabezas más representativas en la corte del Rey Prudente eran don Juan de Austria, Antonio Pérez y la princesa de Éboli (el partido "papista").

Aparte de un "Elogio" en prosa que sirve de prólogo al *Guzmán de Alfarache* de Mateo Alemán, de quien fue buen amigo, Tamayo de Vargas cuenta que compuso un folleto titulado *Memorial sobre el reparo de la milicia* impreso sin lugar ni año con el título *Reparo de la milicia y advertencias de Alonso de Barros*; Palau supone que salió de estampa en 1612.

Sin embargo, es más conocido como autor de una colección de sentencias filosófico-morales en verso octosílabo que apareció por primera vez en Madrid (1598) con el título de *Proverbios morales*. Esta obra obtuvo un éxito formidable, incluso internacional, ya que fue de inmediato traducida al italiano, al portugués y al francés. Felipe II gustó de su lectura y las más prestigiosas plumas del momento la elogiaron, como por ejemplo Lope de Vega («*diamante que en calidad no tiene otro igual*») y Mateo Alemán. Bartolomé Ximénez Patón, quien publicó en Baeza una edición de estos proverbios en 1615 bajo el título de *Heráclito de Alonso de Barros*, dice de ella que «*el ánimo de Barros fue dar recopiladas en breve epílogo las riquezas de los antiguos, cubiertas de las lágrimas de Heráclito*». Algunos de estos epigramas se hicieron célebres: «*La verdad, si es demasiado cruda, no puede darse a comer*».

Nueve años antes había publicado su *Filosofía cortesana moralizada* (Madrid, Pedro Madrigal, 1587), con un tablero impreso inspirado en el Juego de la Oca, por entonces renovado en Italia, con el que se mostraban a modo de juego los entresijos y las claves para que un caballero prosperara en la corte, y los altibajos de su carrera cortesana aparecían reflejados en algunos de los recuadros del juego (o *casas*, como los llama el autor): la *Casa del Pródigo*, el *Paso de la Esperanza*, *El Pozo del Olvido*, la *Casa del Privado*, la *Casa de Mudanza de Ministros*, *La Muerte del Valedor*, la *Casa del Penseque*, *La Adulación*, *La Falsa Amistad*, etcétera, terminando para el vencedor en la *Palma del Éxito*. Solo puede haber un vencedor, que se queda con todo. Cervantes, de quien era amigo, incluyó en la edición un soneto laudatorio.

Esta obra tuvo inmediata traducción al italiano en edición de Joseph Cacchi (Nápoles, 1588), con tablero impreso de Mario Cartari. De la versión española, de la que no se conoce el tablero, hizo Trevor J. Dadson una buena edición del texto: *Filosofía cortesana moralizada*.

Selección de textos

-Proverbios morales

Todos los animales terrestres, los peces y las aves por instinto natural (poco después de haber nacido) saben lo que les basta para dar entero cumplimiento á su apetito, y de tal manera le alcanzan, que en teniendo compañía y el sustento necesario, ni quieren más, ni tienen más que desear; solo el hombre, con ser señor de todo lo criado, parece que es de peor condición que el más bajo de todos ellos; pues por mucho que viva, por mucho que estudie, inquiriendo la verdad y encadenando deseos, procurando saber donde está esta suma felicidad que pretende, nunca en esta vida la alcanza, ni puede (que no están libradas nuestras esperanzas, sino donde no tiene poder la fortuna de mudar el suceso de las cosas).

Para esto hay tantos libros como vemos, y tantos opositores, que los unos son casi confusión de los otros: y no todos los hombres tratan de este estudio, porque á unos las muchas ocupaciones precisas ó voluntarias que tienen para conservar la vida les estorban, y otros por su natural y mudable condición, perdiendo con el miedo del trabajo la esperanza de alcanzarle, no le procuran: y cuando los unos y los otros siempre trabajen, y siempre estudien, es tan corta la vida y tanto lo que hay que saber, que al mejor tiempo les falta.

Esta es Señor Reverendísimo la causa que ha movido á muchas personas de buen celo, á hacer sumas de largos progresos, y escritos de varios autores, recogiendo en poco volumen lo que en muy grandes estaba dilatado: y la que yo he tenido de atreverme á reducir sentencias de gravísimos filósofos á pocas palabras, continuadas en este género de compostura, con que con más facilidad se puedan encomendar á la memoria, y con ella gocen unos sin trabajo, de lo que a otros costó mucho, y todos nos ayudemos en las ocasiones que se ofrecen, que para todos hay consuelo y consejo.

La materia es grave, y el estilo humilde, y poca la autoridad de su dueño: por lo cual forzosamente ha de faltar á la obra, y habiendo yo de buscar quien se la dé, de ninguno como de Vuestra Señoría Reverendísima me puedo favorecer: que por linaje, es de los calificados del Reino; y por oficio, maestro del mayor y mejor príncipe de la tierra, y de su Consejo de Estado; y por dignidad, Primado de las Españas; y por letras y virtud, dignísimo de los títulos que tiene. Suplico á Vuestra Señoría Reverendísima, con la humildad que debo, la admita debajo de su protección y amparo, para que con su favor sea estimado y recibido este mi trabajo, con la voluntad que á Vuestra Señoría le ofrezco, á quien guarde nuestro Señor muchos años, con el aumento de estado y felicidad de vida que sus criados deseamos.

Cuanto más lo considero,
más me lastima y congoja
ver que no se muda hoja
que no me cause algún daño;

aunque, si yo no me engaño,
todos jugamos un juego,
y un mismo desasosiego
padecemos sin reposo;
pues no tengo por dichoso
al que el vulgo se lo llama,
ni por verdadera fama
la voz de solos amigos.
Ni por fieles testigos
los que son apasionados.
Ni tampoco por honrados
los que no son virtuosos.
Ni a los que son envidiosos
por vecinos de codicia.
Ni pienso que hará justicia
el que no tiene conciencia.
Ni al que le falta experiencia
tendré por buen consejero.
Ni al caviloso y artero
llamaré buen abogado.
Ni diré que vi privado
sin esperanza y temor.
Ni demasiado sudor
sino por cosas de viento.
Ni tristeza ni contento
que en un ser permaneciese.
Ni tan gran bien, que no fuese,
si se mira, gran miseria.

Ni quien hable de la feria
mejor que en ella le ha ido.
Ni conozco hombre perdido
que no diga es desdichado.
Ni el que es bien afortunado.

que lo atribuya a ventura.
Ni tan perfecta pintura,
que no tenga impropiedad.
Ni estimada calidad
de noble que degenera.
Ni tan doméstica nuera
que guste de estar sujeta.
Ni he conocido poeta
señor de mucho dinero.
Ni judiciario agorero
que con su ciencia no engañe.
Ni hay hombre que desengañe,
que no venga a ser malquisto.
Ni daño, cuando es previsto,
que no ayude a moderarse.
Ni descuido que enmendarse
pueda del todo en la guerra.
Ni tan abastada tierra,
que un cerco no la consuma.

Ni capitán que presuma
de serlo, que no esté alerta.
Ni el cobarde hallará puerta
segura para escaparse.
Ni acertará a disculparse
el que hiciere cosa fea.
Ni, aunque ninguno lo vea,
deja de estar Dios presente.
Ni hay razón mas elocuente
que el hablar lo necesario.
Ni habrá envidia de adversario
que no nos cause virtud.
Ni vergüenza en juventud
que no ayude a deprender.

Ni se puede reprender
todas veces al menor.
Ni tiene cebo el amor
como amar y ser amado.
Ni más infelice estado
que es el falto de esperanza.
Ni segura confianza
en fuerzas, ni en poca edad.

CALDERÓN DE LA BARCA

Nace: 1600 - Muere: 1681

Pedro Calderón de la Barca y Barreda González de Henao Ruiz de Blasco y Riaño, normalmente se conoce como Pedro Calderón de la Barca fue un dramaturgo, poeta y escritor del Siglo de Oro español. Durante ciertos períodos de su vida también fue soldado y sacerdote católico. Nacido cuando Lope de Vega definía el teatro de la época dorada española, lo desarrolló aún más, y su obra fue considerada la culminación del teatro barroco español. Como tal, es considerado como uno de los dramaturgos más destacados de España y uno de los mejores dramaturgos de la literatura mundial.

Calderón nació en Madrid. Su madre, que era de ascendencia flamenca, murió en 1610; su padre, un hidalgo de origen cántabro que fue secretario del tesoro, murió en 1615. Calderón fue educado en el Colegio de los Jesuitas de Madrid, el Colegio Imperial, con miras a recibir órdenes; pero en cambio, estudió leyes en Salamanca.

Entre 1620 y 1622 Calderón ganó varios concursos de poesía en honor a San Isidro en Madrid. El debut de Calderón como dramaturgo fue con *Amor, honor y poder*, presentado en el Palacio Real el 29 de junio de 1623. Esto fue seguido por otras dos obras ese mismo año: *La selva confusa* y *Los Macabeos*. Durante las siguientes dos décadas, Calderón escribió más de 70 obras, la mayoría de las cuales fueron dramas seculares escritos para los teatros comerciales.

Calderón sirvió al ejército español en Italia y Flandes entre 1625 y 1635. Cuando Lope de Vega murió en 1635, Calderón fue reconocido como el principal dramaturgo español de la época. Calderón también había ganado considerable favor en la corte, y en 1636-1637 fue nombrado caballero de la Orden de Santiago por Felipe IV, quien ya le había encargado una serie de obras espectaculares para el teatro real en el recién construido palacio del Buen Retiro.

El 18 de mayo se unió a una compañía de coraceros montados recientemente por Gaspar de Guzmán, conde-duque de Olivares, participó en la campaña catalana y se distinguió por su galantería en Tarragona. Al fallar su salud, Calderón se retiró del ejército en noviembre de 1642, y tres años más tarde recibió una pensión militar especial en reconocimiento de sus servicios en el campo.

La biografía de Calderón durante los próximos años es oscura. Su hermano, Diego Calderón, murió en 1647. Un hijo, Pedro José, nació de Calderón y una mujer desconocida entre 1647 y 1649; la madre murió poco después. Calderón confió a su hijo al cuidado de su sobrino, José, hijo de Diego. Tal vez por razones relacionadas con estos juicios personales, Calderón se convirtió en un terciario de la orden de San Francisco en 1650, y finalmente se unió al sacerdocio. Fue ordenado en 1651 y se hizo sacerdote en la iglesia de San Salvador, en Madrid. Según una declaración que hizo un año o dos más tarde, decidió dejar de escribir dramas seculares para los teatros comerciales.

Aunque no se atuvo estrictamente a esta resolución, ahora escribió sobre todo obras mitológicas para los teatros del palacio, y *autos sacramentales* -alegorías de un acto que ilustran el misterio de la Eucaristía- para el desempeño durante la fiesta del Corpus Christi. En 1662, dos de los autos de Calderón, *Las órdenes militares* y *Mística y real Babilonia*, fueron objetos de una investigación de la Inquisición; el primero fue censurado, sus copias manuscritas fueron confiscadas y permanecieron condenados hasta 1671.

Calderón fue nombrado capellán honorario de Felipe IV en 1663, y continuó como capellán de su sucesor. En su octogésimo primer año, escribió su última obra secular, *Hado y Divisa de Leonido y Marfisa* , en honor del matrimonio de Carlos II con María Luisa de Orléans.

A pesar de su posición en la corte y su popularidad en toda España, cerca del final de su vida Calderón luchó con dificultades financieras. Murió el 25 de mayo de 1681, dejando solo parcialmente los *autos sacramentales en los* que había estado trabajando ese año. Su entierro fue austero y sin adornos, como él deseaba en su testamento: "Descubierto, como si me mereciera satisfacer en parte las vanidades públicas de mi vida mal gastada". De esta manera dejó los teatros huérfanos en los que fue considerado uno de los mejores escritores dramáticos de su tiempo

Calderón inició lo que se ha llamado el segundo ciclo del teatro de la época dorada española. Mientras que su predecesor, Lope de Vega, pionero de las formas dramáticas y los géneros del teatro de la época dorada española, Calderón los pulió y perfeccionó. Mientras que la fuerza de Lope estaba en la espontaneidad y naturalidad de su trabajo, la fuerza de Calderón radicaba en su capacidad de belleza poética, estructura dramática y profundidad filosófica. Calderón era un perfeccionista que a menudo revisitaba sus obras, incluso mucho después de que se realizaran por primera vez. Este perfeccionismo no se limitaba a su propio trabajo: varias de sus obras revisaban obras o escenas existentes de otros dramaturgos, mejorando su profundidad, complejidad y unidad. Calderón sobresalió por encima de todos los demás en el género del "auto sacramental", en el que mostró una capacidad aparentemente inagotable para dar nuevas formas dramáticas a un conjunto dado de constructos teológicos y filosóficos. Calderón escribió 120 comedias.

Como señala Goethe, Calderón tendía a escribir sus obras teniendo especial cuidado con su estructura dramática. Por lo tanto, usualmente reducía el número de escenas en sus obras en comparación con las de Lope de Vega, para evitar cualquier superfluidad y presentar solo aquellas escenas esenciales para la obra, reduciendo también el número de metros diferentes en sus obras por el bien de ganar una mayor uniformidad estilística. Aunque su poesía y sus obras se inclinaron hacia el culteranismo, usualmente reducía el nivel y la oscuridad de ese estilo al evitar metáforas y referencias alejadas de aquellas que los espectadores sin educación podían entender. Sin embargo, le gustaba el simbolismo, por ejemplo, hacer de la caída de un caballo una metáfora de una caída en desgracia, la caída representaba el deshonor; el uso de horóscopos o profecías al comienzo de la obra como una forma de hacer predicciones falsas sobre lo siguiente que ocurrirá, simbolizando la total incertidumbre del futuro. Además, probablemente influenciado por Cervantes, Calderón se dio cuenta de que cualquier obra no era más que ficción, y que la estructura de la obra barroca era completamente artificial. Por lo tanto, a veces hace uso de técnicas meta-teatrales, como hacer que sus personajes lean de manera jocosa los clichés que usa el autor, y se ven obligados a seguirlos. Algunos de los temas más comunes de sus obras estuvieron fuertemente influenciados por su educación jesuita. Por ejemplo, como lector de Santo Tomás de Aquino y Francisco Suárez, le gustaba enfrentar la razón contra las pasiones, el intelecto contra el instinto o el entendimiento contra la voluntad. En común con muchos escritores del Siglo de Oro español, sus obras generalmente muestran su pesimismo vital, que solo se suaviza con su racionalismo y su fe en Dios; la angustia que generalmente encuentra su obra se ejemplifica mejor en una de sus obras más famosas, *La vida es sueño.*

De hecho, sus temas tienden a ser complejos y filosóficos, y expresan estados mentales complicados de una manera que pocos dramaturgos han sido capaces de manejar. Al igual que Baltasar Gracián, Calderón solo favorecía los sentimientos y dilemas humanos más profundos.

Como las obras de Calderón solían estar representadas en la corte, él tenía acceso a las técnicas más modernas con respecto a la escenografía. Colaboró con Cosme Lotti en el desarrollo de complejas escenografías que se integraron en algunas de sus obras, especialmente las de temática más religiosa, como los autos sacramentales, convirtiéndose en alegorías extremadamente complejas de conceptos morales, filosóficos y religiosos.

Selección de textos:

-La vida es sueño
Es verdad, pues: reprimamos
esta fiera condición,
esta furia, esta ambición,
por si alguna vez soñamos.
Y sí haremos, pues estamos
en mundo tan singular,
que el vivir sólo es soñar;
y la experiencia me enseña,
que el hombre que vive, sueña
lo que es, hasta despertar.

Sueña el rey que es rey, y vive
con este engaño mandando,
disponiendo y gobernando;
y este aplauso, que recibc
prestado, en el viento escribe
y en cenizas le convierte
la muerte (¡desdicha fuerte!):
¡que hay quien intente reinar
viendo que ha de despertar
en el sueño de la muerte!

Sueña el rico en su riqueza,
que más cuidados le ofrece;

sueña el pobre que padece
su miseria y su pobreza;
sueña el que a medrar empieza,
sueña el que afana y pretende,
sueña el que agravia y ofende,
y en el mundo, en conclusión,
todos sueñan lo que son,
aunque ninguno lo entiende.

Yo sueño que estoy aquí,
destas prisiones cargado;
y soñé que en otro estado
más lisonjero me vi.

¿Qué es la vida? Un frenesí.
¿Qué es la vida? Una ilusión,
una sombra, una ficción,
y el mayor bien es pequeño.
¡Que toda la vida es sueño,
y los sueños, sueños son!"

"La fortuna no se vence
con injusticia y venganza,
porque antes se incita más:
y así, quien vencer aguarda
a su fortuna, ha de ser
con prudencia y con templanza."

-Lágrimas que vierte un alma arrepentida
Ahora, señor, ahora
que ya este humano edificio
en el polvo de su fin
se reduce a su principio;

ahora que descompuesto
este vital artificio
que un suspiro gobernó,
le va faltando un suspiro;
ahora que a mis alientos
está el número cumplido,
pues sin esperanza de otro,
respiro este que respiro;
ahora que rebelados
mis potencias y sentidos,
son, parciales de mi muerte,
mis mayores enemigos;
ahora que el corazón,
por alegar que él ha sido
quien quiso vivir primero,
morir el postrero quiso;
ahora que al desatarse
esta lazada que hizo
la naturaleza, el alma
está pendiente de un hilo;
ahora que al despedirse
del cuerpo donde ha vivido,
en vez de darle los brazos,
le lucha a brazos partidos;
ahora, en efecto, ahora
que ya el pecho helado y frío,
descompasado el aliento,
los miembros estremecidos,
el pulso desnivelado,
torpe la voz, yerto el brío,
en parasismos se emboza
el último parasismo,
es tiempo, Señor, es tiempo
de conocer los amigos,

pues el amigo mayor
se ve en la mayor peligro.
¡Oh dulce Jesús mío!
No entréis, Señor, con vuestro siervo en juicio.
¡Oh, cuánto el nacer, oh cuánto
al morir es parecido,
pues si nacimos llorando,
llorando también morimos!
Un gemido la primera
salva fue que al mundo hicimos,
y el último vale que
le hacemos, es un gemido.

-Elogio del silencio
Es el silencio un reservado archivo,
donde la discreción tiene su asiento;
moderación del ánimo, que altivo
se arrastrara sin él del pensamiento;
mañoso ardid del menos discursivo,
y del más discursivo entendimiento:
pues a nadie pesó de haber callado,
y a muchos les pesó de haber hablado.

Es contra el más colérico enemigo
el más templado freno de la ira,
de la pasión el más legal testigo,
pues dice más que el que habla el que suspira;
de la verdad tan familiar amigo,
que a la simulación de la mentira
se destiñe la tez, pues cuanto, errante,
mintió la lengua, desmintió el semblante.

Es quietud del espíritu divina,
a quien el mundo contrastar no pudo;

de la modestia imagen peregrina,
que una mano da al labio, otra al escudo.
De cuanto sacrificios vio la indigna
adoración el pez, animal mudo,
prohibido fue que a luz de sacrificio,
aún no estragó a esta virtud el vicio.

Y si de hablar y de callar le dieron
tiempo al que más la perfección codicia,
fue porque al corazón árbitro hicieron
de su sinceridad o su malicia.
No porque del silencio no creyeron
ser el culto mayor de la justicia,
pues si a Dios en sus obras reverencio,
el idioma de Dios es el silencio.

GREGORIO MAYANS

Nace: 1699 - Muere: 1781

Gregorio Mayans y Siscar fue un historiador, lingüista y escritor español de la Ilustración. Nació el 9 de mayo de 1699 en Oliva, Valencia. Su padre, Pasqual Mayans, luchó en el lado austríaco en la Guerra de Sucesión y acompañó al archiduque Carlos VI a Barcelona en 1706; esto resultó en la posterior marginación de Gregorio Mayans, que vivió en España cuando estaba dominada por la Casa de Borbón. Hasta 1713, cuando regresó a Oliva, Mayans estudió con los jesuitas de Cordelles, pero su abuelo, un alcalde llamado Juan Siscar, lo alentó en el estudio de la ley. Asistió a la Universidad de Valencia, donde aprendió de los novatores más distinguidos, hombres como Tomás Vicente Tosca, Juan Bautista Corachán y Baltasar Íñigo, quien le presentó las ideas de John Locke y René Descartes, que se volverían importantes en el desarrollo posterior de Mayans.

En 1719, Mayans viajó a Salamanca para continuar estudiando derecho. Uno de sus profesores, Borrull, lo puso en contacto con Manuel Martí, decano de Alicante, quien se convirtió en su mentor y lo guió en el estudio de los clásicos, tanto españoles como latinos y griegos.

Martí alentó a Mayans al estudio del Renacimiento y los humanistas españoles del siglo XVI: Antonio de Nebrija, Benito Arias Montaño, Fray Luis de Granada, Fray Luis de León, Francisco Sánchez de las Brozas *el Brocense* , Juan Luis Vives, San Juan de la Cruz, Teresa de Ávila y Miguel de Cervantes. Mayans dedicó el resto de su vida a la preservación de esta tradición, que él pensaba que estaba siendo olvidada en la España barroca.

Mayans ganó la Cátedra del Código de Justiniano en la Universidad de Valencia, pero se enfrentó a la hostilidad de sus colegas en la Facultad de Derecho. En 1725 publicó una obra titulada *Oración en alabanza de las obras de D. Diego Saavedra*, y en 1727 la siguió con *Oración en la que exhorta a seguir la verdadera idea de la elocuencia española*, en la que criticó los excesos del período barroco y consideró la simplicidad española y ática de Luis Vives y *el Brocense* . En el mismo año viajó a Madrid, donde conoció al director de la Real Academia Española (Mercurio López Pacheco, noveno duque de Escalona) y el director de la Biblioteca Nacional de España (Juan de Farreras). Se mantuvo en contacto por un tiempo con Benito Jerónimo Feijóo y Montenegro, pero rompió con él y con el padre Enrique Flórez debido a la aparente superficialidad de sus pensamientos.

En ese momento defendió una propuesta de reforma de los estudios jurídicos con el fin de restar importancia al derecho romano y prestar más atención al derecho consuetudinario español, y también presentó un esquema general de reforma educativa al ministro José Patiño, aunque sin éxito. Sus recomendaciones incluían, por ejemplo, la enseñanza del latín vulgar en lugar del latín eclesiástico, una idea que ya había sido propuesta por el humanista español del siglo XVI Pedro Simón Abril.

En 1730, después de perder el favor de Arbuixerch, un funcionario religioso de la Universidad de Valencia, y acosado por diversas controversias, Mayans se fue a Madrid, donde se convirtió en el bibliotecario real. Allí, en 1732, publicó su *Epistolarum libri sex* , que lo puso en contacto con humanistas en toda Europa, y en 1733 su *Orador Cristiano*. Fue funcionario de la Biblioteca Nacional durante siete años, y en 1737 envió la *Carta-Dedicatoria* a Patiño, que contiene su ambicioso plan de reforma educativa y cultural española, pero nunca recibió una respuesta. En 1740 se retiró a su ciudad natal de Oliva, para dedicarse a sus estudios y comenzó una activa correspondencia intelectual con otros españoles y extranjeros, tanto en latín como en español.

Después de la jubilación se casó con su prima, Margarita Pascual, y en 1742 fundó la Academia Valenciana, "dedicada a la recuperación y exposición de memorias antiguas y modernas sobre las cosas de España". Su oposición a la *España Primitiva* de F. Javier de la Huerta y Vega, describiéndola como una "fábula indecente opuesta a las verdaderas glorias de España", causó enemistad entre él y las Academias de Lengua e Historia. Cuando editó la *Censura de historias fabulosas* de Nicolás Antonio, trajo la Academia Valenciana a la atención de la Inquisición. Después de la coronación de Fernando VI, sin embargo, el Marqués de Ensenada lo rescató de su retiro forzoso y más tarde Carlos III de España restauró su reputación y lo nombró Alcade de Casa y Corte, un importante cargo administrativo-judicial. En 1776, se convirtió en miembro de la Real Sociedad Económica de Amigos del País de Valencia. Durante este período, continuó su discurso con otros ilustrados como el médico y filósofo valenciano Andrés Piquer, Francisco Pérez Bayer, Muñoz, Cerdá Rico, Cavanilles y Blasco. Dedicó su último año a la preparación de una edición de la *Obra Completa* de Juan Luis Vives, pero murió inesperadamente en 1781.

Además de las obras ya citadas, Mayans editó las *Advertencias a la historia del padre Mariana* del Marqués de Mondéjar y las obras de Antonio Agustín. Admiró especialmente a Ambrosio de Morales y Juan Páez de Castro, y colaboró en el *Diario de los Literatos* bajo el seudónimo de "Plácido Veranio". Escribió el monumental *Orígenes de la lengua española* (1737), que dio a conocer el *Diálogo de la lengua* de Juan de Valdés por primera vez y reimprimió dos veces las *Reglas de Ortografía* de Antonio de Nebrija. En 1757 compuso una *Retórica,* que es una interesante antología de la literatura española y el mejor análisis de la prosa castellana hasta el *Teatro de la elocuencia española* de Capmany. Mayans también escribió la primera biografía de Miguel de Cervantes, publicada en 1738.

Selección de textos

-Retórica.

Todos los hombres que llegan a tener uso de razón y de articulación, hablan; pero muy pocos hablan bien, y rarísimos muy bien, o perfectamente. Muchos que deseaban conseguir esta perfección, se aplicaron a conocer las causas de ella para formar por su observación varias reglas, cuya práctica facilitase aquella deseada perfección de hablar; y la junta de aquellas reglas, llamaron retórica, sin la cual estuvo el mundo más de treinta y cinco siglos hablando y escribiendo cada uno naturalmente y sin arte.

Además de esto, la retórica enseña los modos más agradables para hacer bien quistas las cosas útiles y loables; los más enérgicos para hacer despreciables las cosas inútiles y vituperables; los más eficaces para acriminar; los más fuertes para la justa defensa; los más insinuativos para la disimulada persuasión; los más vivos para representar las cosas a la imaginación.

Pues, ¿cómo puede pues dejar de ser útil el conocimiento de todo esto, que facilita el convencimiento del entendimiento y triunfa de la voluntad? ¿Quién sino un necio pondrá en duda, que en igualdad de ingenios y de ciencia de las cosas, hablará mejor el que sabe, cómo y por qué se habla bien, que el que lo ignora? Así como en los negocios que se tratan en la vida civil, suelen muchos conducirlos a su fin deseado, o con astucia, o con importunidad, o con vehemencia; así suelen también usando del lenguaje, o enredar con sofisterías; o encantar con impertinencias; o derribar con el ímpetu de los afectos.

De la manera pues que la astucia se vence con la prudencia; la impertinencia con el sacudimiento; y la vehemencia con la fortaleza de ánimo; así el hombre sabio se sirve de la Dialéctica para presi-

diar su entendimiento contra cualesquier falacias; de la Ética para sosegar los afectos depravados y alborotados contra la razón; y de la Retórica para practicar los medios de convencer el entendimiento con la razón y mover la voluntad, llenando la fantasía de simulacros, que ayuden a la razón y no la perturben.

-Vida de Miguel de Cervantes Saavedra

Un tan insigne escritor como Miguel de Cervantes Saavedra, que supo honrar la memoria de tantos españoles y hacer inmortales en la de los hombres a los que nunca vivieron, no tenía hasta hoy, escrita en su lengua, vida propia.

Deseoso Vuestra Eminencia de que la hubiese, me mandó recoger las noticias pertenecientes a los hechos y escritos de tan gran varón. He procurado poner la diligencia a que me obligó tan honroso precepto, y he hallado que la materia que ofrecen las acciones de Cervantes es tan poca, y la de sus escritos tan dilatada, que ha sido menester valerme de las hojas de éstos para encubrir de alguna manera, con tan rico y vistoso ropaje, la pobreza y desnudez de aquella persona dignísima de mejor siglo; porque, aunque dicen que la edad en que vivió era de oro, yo sé que para él y algunos otros beneméritos fue de hierro.

Los envidiosos de su ingenio y elocuencia le murmuraron y satirizaron. Los hombres de escuela, incapaces de igualarle en la invención y arte, le desdeñaron como a escritor no científico. Muchos señores, que si hoy se nombran es por él, desperdiciaron su poder y autoridad en aduladores y bufones sin querer favorecer al mayor ingenio de su tiempo.

Los escritores de aquella edad (habiendo sido tantos), o no hablaron de él o le alabaron tan fríamente que su silencio y sus mismas alabanzas son indicios ciertos o de su mucha envidia o de su poco conocimiento. Vuestra Eminencia le tiene tan justo de sus obras, que ha manifestado ser el más liberal mantenedor y propagador de su memoria; y es por quien Cervantes y su Ingenioso Hidalgo lo-

gran hoy el mayor aprecio y estimación. Salga, pues, nuevamente a la luz del mundo el gran Don Quijote de la Mancha, si hasta hoy caballero desgraciadamente aventurero, en adelante por Vuestra Eminencia felizmente venturoso. Viva la memoria del incomparable escritor Miguel de Cervantes Saavedra. Y reciba Vuestra Eminencia estos apuntamientos como cierta y perpetua señal de la gustosa y pronta obediencia que profeso a Vuestra Eminencia y cuando yo en ellos no haya conseguido el acierto que merecen los preceptos de Vuestra Eminencia (que no vivo tan satisfecho de mí, ni soy tan ambicioso que presuma y espere tanto), a lo menos quedaré contento con la gloria de mi obsequio.

-Carta al ministro José Patiño

¿Pero qué hambre de juicio puede negar que enseñar en lengua vulgar, a lo menos las artes liberales, tiene grandes ventajas? Primeramente, los maestros se explican mejor en su lengua propia; porque por bien que sepan la latina, que les es extraña, saben con mayor perfección la que les es natural y familiar; porque en ella tienen más abundancia de voces, están más ejercitados, y por uno y otro se declaran con mayor propiedad y facilidad. Después de esto, los discípulos, a quienes más se debe atender, entienden mejor, que en la extraña, lo que leen y se les explica en su lengua nativa. Fuera de eso el conocimiento de las artes y ciencias se facilitaría y extendería más, pues los que no hubiesen de proseguir los estudios, en el tiempo que se gasta en aprender la lengua latina, de que nunca se sirven, podrían emplearse en saber de raíz la lengua propia, para hablarla pura y emendadamente y en aprender la retórica, para explicarse mejor y saber siquiera escribir una carta, unas instituciones aritméticas y geométricas, para el trato y uso común y casi toda la filosofía, a lo menos la racional y moral, para discurrir y hablar con más concierto y discernir bien la gran distancia que hay entre las virtudes y vicios.

Yo no quedaría contento con que sólo se escribiese en español, como hasta ahora en las escuelas se ha escrito en latín. Heme criado en ellas, sé lo que se hace: no por falta de conocimiento y habilidad en los maestros, sino porque es raro entre éstos el que se atreve a apartarse del estilo común, por el temor de que por novelero le impidan los ascensos regulares, como ha sucedido a muchos grandes ingenios, con gravísimo daño de la república literaria. Gracias a Dios, yo nunca he temido a espíritus barbudos. En buena hora lo cuente. Deseo, pues, que se aproveche más en menos tiempo. Querría ver en los primeros elementos de las artes mucha mayor diligencia y arte, mayor copia de noticias y que éstas fuesen más útiles y se tratasen con un método más fácil y más ajustado a la capacidad pueril. En el orden de la naturaleza, primero es hacer esto y después diría la misma experiencia si sería útil practicarlo. Por eso suplico a Vuestra Eminencia que primeramente mande trabajar a los hombres más hábiles y después sus mismas obras dirán si son o no provechosas. Para eso son los censores de ciencia, prudencia y libertad ingenua.

JOSÉ CLAVIJO Y FAJARDO

Nace: 1726 - Muere: 1806

José Clavijo y Fajardo fue un periodista y escritor ilustrado español, primo del escritor, historiador y naturalista ilustrado José Viera y Clavijo.

Estudió Filosofía, Leyes, Teología y Humanidades en Las Palmas de Gran Canaria con los dominicos de San Pedro Mártir, en compañía de un tío suyo que era monje en ese convento, y luego en la Real Audiencia de esa misma ciudad.

Marchó a Madrid con apenas diecinueve años y fue nombrado oficial archivero en 1745, en la Secretaría del Ministerio de Marina, primero en Ceuta, luego en San Roque y cuatro años más tarde como secretario particular del comandante José Vázquez Priego en Madrid. Allí conoció al marqués de Grimaldi, ministro que se convirtió en su protector.

Viajó por España y Francia y comenzó a publicar en 1762 el semanario que le haría conocido, *El Pensador*, a imitación del *The Spectator* de Joseph Addison y como él consagrado a criticar costumbres anticuadas. Al año siguiente fue nombrado oficial del Archivo de la Secretaría de Estado y comenzó la publicación del *Estado Militar de España*, informe que desde entonces se imprimió todos los años; ya había escrito dos años antes un *Estudio general, histórico y cronológico del ejército.*

En 1764 rompió su compromiso sentimental con María Luisa (Lisette) Caron, hermana del dramaturgo francés Pierre-Agustin de Beaumarchais. Esto provocó que Beaumarchais viajara a Madrid y se produjeran una serie de malentendidos que provocó la vuelta de Beaumarchais a París y la caída en desgracia de Clavijo durante tres años, inspirando de paso el drama *Clavijo* (1774) de Goethe y el drama *Eugénie* del propio Beaumarchais, quien, además, dejó constancia del hecho en un pasaje de sus *Memorias*. Incluso Ricardo Baroja volvió a contar la historia en su *Clavijo*.

Clavijo volvió a publicar *El Pensador* y en 1770 se le encargó dirigir los teatros de los Reales Sitios con el propósito de encabezar la reforma teatral en sentido neoclásico, pues no en vano una campaña suya en *El Pensador* en contra de los autos sacramentales había conseguido su definitiva prohibición en 1765. Es más, el ministro Grimaldi volvió a otorgarle su confianza tras el escándalo y lo nombró en 1773 encargado de publicar el *Mercurio Histórico y Político*, uno de los dos periódicos oficiales, sustituyendo a su paisano Tomás de Iriarte.

En 1777 el rey lo nombra «Formador de Índices y Secretario para la correspondencia de dentro y fuera del Reino» y empieza a vincularse al Real Gabinete de Historia Natural de Madrid; ya había publicado en 1776 en su *Mercurio Histórico y Político* una «Instrucción para que se recogiesen objetos de historia natural» preparada por el director de dicho Gabinete, Pedro Franco Dávila.

Clavijo trabajó en efecto elaborando el inventario del mismo y como trabajo complementario tradujo la obra de Georges Louis Leclerc, conde de Buffon, *Historia Natural, General y Particular*, cuyo prólogo, dedicado al Conde de Floridablanca, constituye un resumen de sus ideas ilustradas sobre la materia. En el mismo indica sus esfuerzos para traducir el vocabulario científico de varios idiomas buscando los equivalentes del castellano, hasta realizar un mediano diccionario de historia natural y cómo, en esos trabajos, había descubierto el atraso de la historia natural española a excepción de la botánica, justificando con este hecho su traducción de la obra de Buffon, ya que los gabinetes de historia natural no debían ser meros depósitos, sino escuelas para conocer la Naturaleza con método y orden y exigían este tipo de libros.

Clavijo se ayudó en su traducción con William Bowles, fray Martín Sarmiento, el abate François Rozier y el célebre naturalista alemán Eberhard August Wilhelm von Zimmermann; espigó además la *Encyclopédie Méthodique* y procuró salvar las críticas inquisitoriales en los apartados "*Théorie de la Terre*" y "*Époques de la Nature*", que ya le habían costado a Buffon retractarse en Francia ante la Sorbona por defender el origen del planeta como un desprendimiento del Sol por el paso de un cometa y una antigüedad del mismo superior a los seis mil años atestiguados en la Biblia. Lo consiguió acogiéndose a la postura filosófica llamada eclecticismo, considerándolas meras hipótesis y recurriendo a las palabras de San Basilio: «Cuando la Escritura Santa ha hablado, no sé recurrir a sistemas imaginarios, en los cuales no hay más realidad que en los sueños»; consiguió así también hacer pasar como tolerables las hipótesis heliocéntricas de Copérnico y Galileo, y la discutida cronología del diluvio universal. El propio conde de Buffon le escribió para felicitarle por su traducción a través del ingeniero canario Agustín de Betancourt.

Al fallecer el director Pedro Franco Dávila en 1786 y sustituirlo el demasiado ocupado Eugenio Izquierdo de Rivera y Lazaún (1745-1813), fue José Clavijo y Fajardo, nombrado vicedirector, quien asumió realmente el gobierno del Gabinete. Supervisó las complejas adquisiciones de material español y americano, controló al personal y coordinó la política de intercambio con otros gabinetes europeos; eso le supuso algunas fricciones con el verdadero director, Eugenio Izquierdo. Recibió envíos de diversas expediciones, incluso la de Alexander von Humboldt, pero también del portugués Antonio Parra desde Cuba, las del mallorquín Vilella y las de Francisco Javier Molina y Juan Palafox Rovira, así como objetos y manuscritos del zoólogo Félix de Azara; en cuestiones de geología fue asesorado por Carlos de Gimbernat, nombrado vicedirector del Real Gabinete en 1798, y por Christian

Herrgen, profesor de mineralogía.

Un informe de Christian Herrgen afirma que Clavijo consiguió del barón de Forell, embajador de Sajonia en Madrid y experto minerólogo, que divulgase en Europa las riquezas mineralógicas de España y empezasen a solicitarse colecciones del país por toda Europa elaboradas por la familia alemana Thalacker asentada en Madrid y la propia casa de Forell. De hecho, Juan Guillermo y Enrique Thalacker fueron contratados en 1793 por el Real Gabinete de Historia Natural. El 20 de noviembre de 1798, Mariano Luis de Urquijo aprobó el reglamento de Herrgen y Clavijo para el nuevo Real Estudio de Mineralogía, fruto de una petición de Clavijo en junio de 1798 al ministro Francisco Saavedra: *Medios de hacer útil para la prosperidad de la Nación Española el Real Gabinete de Historia Natural*, donde pedía convertir al Gabinete en una moderna institución científica y no en mero depósito para distracción de ociosos. Incluso propone la creación de un Gabinete Sistemático de Mineralogía y una cátedra asociada que recaería en Herrgen.

Cuando Humboldt llegó a Madrid fue José Clavijo y Fajardo quien lo introdujo en los medios científicos españoles, comenzando por los propios alemanes que éste protegía, Christian Herrgen y los Thalacker. Visitó el gabinete y conoció también los pormenores de la nueva escuela de mineralogía acompañado del químico francés Louis Proust, director del nuevo Laboratorio Químico de Madrid que sustituía a los de François Chavaneau y Pedro Gutiérrez Bueno. Humboldt ya se había comprometido años antes a enviar colecciones a Madrid antes de su viaje americano y había escrito a Clavijo cartas con listas adjuntas de los minerales que le enviaba. Humboldt correspondió a las atenciones de Clavijo nombrándolo miembro de las Academias de Berlín y Copenhague poco antes de su muerte el 3 de noviembre de 1806. Muchos de sus trabajos científicos se han perdido y perdura como personaje literario por su querella con Beaumarchais, con motivo de la ya referida supuesta propuesta matrimonial que le había hecho a la hermana de este, Lisette, bastante sonada en la época, cuyo argumento expuso Goethe en su drama *Clavijo*(1774).

Selección de textos

-El Pensador, tomo XIX.

El primer cuidado para mantener la sociedad debe ser el de aumentar y conservar el número de los que la componen: la verdadera fuerza de un Estado consiste en la muchedumbre de sus habitantes; y los medios de lograrla: los estragos que causa en una Nación la corrupción de costumbres, y sobre todo la licencia en ciertos vicios: la utilidad que produce el tener fundaciones, para huérfanos y expósitos: el beneficio de atraer colonias extranjeras y el daño de enviarlas a regiones distantes: que la miseria destruye los hombres y es causa de las emigraciones, de las enfermedades epidémicas, de los robos y de otros innumerables males, que arruinan al Estado .

-El Pensador, tomo XXXII

"La fuerza de la costumbre nos arrastra y nos hace condenar usos, que no tienen más defecto que no ser nuestros. Acostumbrados al sombrero, no podemos figurarnos que sean gentes de razón las que se sirven del turbante. La simplicidad pasa por grosería entre los que no reflexionan cuánto tiene de arbitrario lo que llamamos Política y por barbarie todo lo que no es análogo a nuestras ideas; como si las Naciones a quienes motejamos de bárbaras no tuviesen casi las mismas razones para aplicamos el mismo epíteto y fuesen tales nuestras costumbres que no pudiesen ridiculizarse del mismo modo que ridiculizamos las ajenas."

"Que un Japonés crea estar en postura más humilde cuando está sentado y un Europeo cuando está de pie, todo es muy indiferente a la humanidad. Cada Nación tiene sus ceremonias autorizadas por el uso. Las que difieren de aquellas en que nos hemos criado pueden

causar novedad, pero no admiración. Lo contrario es prueba de un pequeño espíritu y de menos reflexión. Los hombres lo son en todas partes: sus corazones merecen nuestro examen; pero no sus usos ni sus trajes, que dependiendo solamente del clima, o de la costumbre, nada pueden quitar ni añadir a lo esencial del hombre."

-Opiniones sobre la felicidad, 1762.

Si reflexionamos que Dios ha colocado en este mundo unas criaturas, de una misma naturaleza y moralmente iguales, en cuyos corazones ha grabado cierta propensión a vivir en sociedad, de tal manera que un hombre no pueda subsistir sin la ayuda de sus hermanos, deduciremos que Dios, nuestro Padre común, quiere que cada uno cumpla su parte de responsabilidad para mantener esta sociedad, promoverla y hacerla agradable para todos sus hermanos. Y por una legítima deducción sacaremos también la natural y precisa obligación de concurrir por nuestra parte a los designios de Dios, siendo compasivos, caritativos y benéficos con nuestros hermanos.

Todos los hombres deseamos ansiosamente ser felices en esta vida; pero casi todos corremos tras una sombra, que, aunque de lejos tiene visos de felicidad, nos deja burlados al fin de la carrera. ¿Qué busca el ambicioso, el avaro sino su felicidad? Éste es sin duda el ídolo a quien sacrifica, pero, ¿la encuentra? ¿Queda tranquilo el corazón del ambicioso cuando ha logrado lo que solicitó con tanto afán? ¿No desea ya más bienes el avaro que pasa las noches des velado sobre el cofre en que guarda sus tesoros? ¡Ah, qué nos engañamos! Nada de esto es capaz de satisfacer el corazón humano, ni es éste el camino de encontrar la felicidad. Por otras sendas hemos de ir si queremos hallarla; y una de ellas es el ser benéficos con los hombres, que son nuestros hermanos, nuestros compañeros, nuestros amigos, y con quienes nos son comunes la naturaleza, las facultades, las necesidades y los deseos.

Esta virtud, que en algún modo nos hace semejantes a Dios es la que puede llenar el corazón del hombre en lo humano. ¡Hacer bien a otro! Miserable corazón el que no conoce lo que esto encierra.

-Pensamiento XII, Sobre la educación.

Yo emprendo una materia no menos vasta que útil, y no menos útil que necesaria para el bien de la sociedad. Esta es la educación: materia, que para tratarla con todo el rigor de un sistema, pediría gruesos volúmenes, y mayor caudal de observaciones, de juicio, y de discernimiento. Por lo mismo no me propongo formar un sistema, ni seguir con toda la mayor exactitud la progresión de fuerzas, y capacidad, que acompañan al hombre en las diferentes edades de la vida, ni llenar los discursos, que deberé emplear en este asunto, de ideas abstractas, de divisiones, ni subdivisiones, que el mayor numero de mis lectores no entendería; y lejos de producir el fruto, que deseo, los harían inútiles. Tampoco me detendré en probar la utilidad de la educación, y la urgente necesidad de corregir la que se practica en nuestros tiempos.

Nadie ignora, que así como la gloria, la prosperidad, y la duración de los Estados dependen de las costumbres de las Naciones, que los componen, así la felicidad, y la salud de los Pueblos consisten en el cuidado de formar la juventud, y aun la infancia de sus individuos: que entregados los hombres à la ceguedad, y debilidad, con que nacen, ni subsistirían sobre la tierra, ni, en caso de que por un prodigio singular pudiesen subsistir, se diferenciarían de los brutos, sino solo en la figura; y quc, por consiguiente, ni habría Religión, ni Leyes, ni policía, ni sociedad, ni hombres, en una palabra. Por otra parte todo el Mundo se queja de la mala educación, que se da à las tiernas plantas. Todos conocen, que en el actual plan de educación hay multitud de vicios, que crecen con la edad, y cuyos efectos se manifiestan con el tiempo en los Tribunales y las Cátedras, el manejo de los negocios, y en todo el comercio de la vida civil, y política.

Así, sin detenerme en estos dos puntos, voy à extender mis reflexiones conforme vayan ocurriendo. Yo empiezo à registrar y observar al hombre desde que nace, y desde entonces se me ofrecen errores, descuidos, y abandono en su crianza. Los Grandes, los Señores, los ricos, y aun los que apenas logran una mediana fortuna, están en tranquila posesión de desembarazarse de sus hijos desde que salen del seno materno. Ve aquí un error; pero no como quiera, sino un error enorme, un error perjudicial al Estado, à la salud de la madre, diametralmente opuesto à sus mejores, y mas sólidos derechos, y que casi la degrada de los fueros, y preeminencias de la maternidad. Quisiera me dijesen las madres para qué sin discurren, que el Autor de la Naturaleza les ha dado los medios de alimentar à sus hijos; y me parece, que la pregunta sería muy embarazosa.

¿Para dar mas elegancia à su figura, y hacerla mas proporcionada, y regular? Para esto bastaría solo la figura. ¿Para que haciendo ostentación de su riqueza, lleven consigo a todas partes un lazo, en que peligren los ojos incautos? Esto ya se ve que es absurdo. Yo sé muy bien (dirá alguna madre) el destino para que se me dio esta parte de mi estructura; pero mi salud delicada, el gusto de mi marido, y el dictamen del Medico se oponen à mi deseo de criar mis hijos. ¡Ah! Señoras. Conozco toda la debilidad de esta respuesta, y que es este el escudo, de que se valen las madres, que están bien halladas con abandonar esta primera obligación. Sé, y saben todos, los artificios, de que Vms. se valen para tener de su parte al Medico, y obligar à que un marido quiera, y se vea obligado à mandar lo mismo que Vms. desean; y nadie ignora, que tiene mas parte en esto el proprio capricho, el afán de no ajar la belleza, la Comedia, el paseo, y la visita, que la obediencia à la voluntad de un marido, y el cuidado de la propia conservación.

JOVELLANOS

Nace: 1744 - Muere: 1811

Gaspar Melchor de Jovellanos fue un escritor, jurista y político ilustrado español. Nació en el seno de una familia noble de Gijón, aunque sin fortuna. Tras cursar sus primeros estudios en Gijón, en 1757 marchó a Oviedo para estudiar Filosofía en su universidad. En 1760, bajo la protección del obispo local, parte hacia Ávila para realizar estudios eclesiásticos. En 1761 se gradúa como bachiller en Cánones (Derecho Canónico) en la Universidad de Santa Catalina de El Burgo de Osma (Soria), obteniendo la licenciatura en la Universidad de Ávila en 1763. En 1764 fue becado en el Colegio Mayor de San Ildefonso de la Universidad de Alcalá, para seguir sus estudios eclesiásticos, graduándose de bachiller en Cánones. Allí conoció a Cadalso y a Campomanes. Después de licenciarse ocupó en 1767 la plaza de magistrado de la Real Audiencia de Sevilla. Allí fue alcalde del crimen y oidor en 1774. En 1775 fue uno de los promotores de la Sociedad Patriótica Sevillana, de la que fue secretario de artes y oficios.

En 1778 consiguió el traslado a la Sala de Alcaldes de Casa y Corte en Madrid, en parte gracias a la influencia del duque de Alba, a quien había tratado en Sevilla. En Madrid entró en la tertulia de Campomanes, a la sazón fiscal del Consejo de Castilla, el cual le encomienda distintos trabajos que le satisfacen especialmente, reconociendo en Jovellanos a un hombre de amplia formación y reconocida solvencia en el terreno económico. En 1780 accede al Consejo de Órdenes Militares. En 1782 formó parte de la comisión que puso en marcha el Banco de San Carlos. Fue miembro de la junta de comercio de la Sociedad Económica Matritense y, desde diciembre de 1784, su director. Redacta diversos estudios sobre la economía de España, entre los que tiene singular valor el *Informe sobre la Ley Agraria,* en la que aboga por la liberalización del suelo, recogiendo el pensamiento liberal, norma sobre la que el Consejo de Castilla había volcado sus esperanzas para reformar y modernizar el agro peninsular.

Plenamente integrado en la vida cultural madrileña, fue miembro de la Real Academia de la Historia (1779), de la Real Academia de San Fernando (1780) y de la Real Academia Española (1781). Sin embargo, el inicio de la Revolución Francesa paralizó con Carlos IV las ideas ilustradas y apartó de la vida pública a la mayoría de los pensadores avanzados.

Tras la caída de su amigo Francisco de Cabarrús, Jovellanos se vio obligado a marchar de la Corte, desterrado, estableciéndose en su ciudad natal en 1790, donde redactó un *Informe sobre espectáculos* que le había encargado la Real Academia de la Historia y viaja por Asturias, Cantabria y el País Vasco para conocer la situación de las minas de carbón y las perspectivas de su consumo, realizando sus primeros informes sobre el Valle del Candín en Langreo. Jovellanos ya se había mostrado favorable al aumento de la producción, para lo cual era preciso liberalizar la explotación de mineral. Tras sus viajes mineros presentó nueve informes con los resultados de su comisión y consiguió que se liberalizase parcialmente la explotación de carbón en 1793. Proyectó la idea de una carretera carbonera entre Langreo y Gijón que no llegó a ver.

Entre 1790 y 1791 viajó varias veces a Salamanca para encargarse de la reforma de los Colegios de las Órdenes Militares. Como subdelegado de caminos en Asturias (1792) intentó acelerar la conclusión de las obras de la carretera a Castilla (que había comenzado en 1771), a fin de terminar con el aislamiento de Gijón, pero la falta de fondos imposibilitaría su final. A iniciativa de Jovellanos se creó en 1794 el Real Instituto Asturiano de Náutica y Mineralogía en Gijón, en el que intentó aplicar las ideas de la Ilustración en la enseñanza.

Tras la alianza con la Francia revolucionaria, Manuel Godoy pretendía realizar ciertas reformas y contar con los más importantes de los ilustrados, por lo que le ofreció a Jovellanos el puesto de embajador en Rusia, que este rechazó. Sin embargo, el 10 de noviembre de 1797 aceptó el puesto de ministro de Gracia y Justicia, desde el que intentó reformar la justicia y disminuir la influencia de la Inquisición, pero tras nueve meses en el gobierno cesó el 16 de agosto de 1798 y volvió a Gijón. Allí proyectó la creación de una academia asturiana, que tendría como función el estudio de la historia y de la lengua asturiana, y elaboró 200 fichas de léxico del asturiano.

En diciembre de 1800, tras la destitución de Mariano Luis de Urquijo como ministro de Estado, vuelve Godoy al poder y ordena la detención de Jovellanos el 13 de marzo de 1801 y su destierro a Mallorca, primero al monasterio de la Real Cartuja de Jesús de Nazaret, donde fue bien tratado por los monjes y luego a la prisión del castillo de Bellver. Durante los años de prisión empeoran sus problemas físicos y aumenta su religiosidad. Poco a poco, y gracias a que conservaba el sueldo de ministro, compró muebles lujosos y muchos libros, pese a padecer cataratas. Liberado el 6 de abril de 1808, tras el motín de Aranjuez, rechazó formar parte del gobierno de José Bonaparte y representó a Asturias en la Junta Central, gobierno del que realizó su reglamento junto a Martín de Garay. Desde él impulsó la reunión de la Asamblea dirigiendo la comisión de Cortes, pero la entrada de los franceses en Andalucía obligó al gobierno a dejar Sevilla y refugiarse en Cádiz. La propaganda de los aristócratas que se negaban a la reunión de Cortes provocó la caída de la Junta Central y la instauración de una regencia, cuyo reglamento fue redactado de nuevo por Jovellanos y Martín de Garay. Las calumnias vertidas contra los centrales hizo que varios de estos abandonasen Cádiz, como ocurrió con Jovellanos, que se embarcó con rumbo a Asturias, pero una tempestad le condujo a Muros el 6 de marzo de 1810.

Permaneció en Galicia varios meses y escribió la justificación política de su actuación en la Junta Central, *Memoria en defensa de la Junta Central*, que se imprimió en La Coruña. Tras la marcha de los franceses de Gijón, el 27 de julio de 1811 dejó Galicia y volvió a Gijón, aunque un contraataque francés hizo que tuviera que marcharse una vez más. Enfermo de pulmonía, murió en Puerto de Vega el 27 de noviembre de 1811. Sus restos reposan en la capilla de la propia casa natal de Jovellanos en Gijón, llamada Capilla de los Remedios.

Jovellanos cultivó varios géneros literarios como poesía y teatro, pero sus escritos principales fueron ensayos de economía, política, agricultura, filosofía y costumbres, desde el espíritu reformador del despotismo ilustrado.

Entre ellas destacan el *Informe sobre la ley agraria,* que escribió en una primera versión en 1784 pero que no envió hasta 1787 a la Sociedad Económica Matritense, que la remitió al Consejo de Castilla y que se publicó en 1795. En ella Jovellanos se muestra partidario de eliminar los obstáculos a la libre iniciativa, que dividía en tres clases: políticos, morales y físicos. Entre ellos estaban los baldíos, la Mesta, la fiscalidad, la falta de conocimientos útiles de los propietarios y labradores, las malas comunicaciones y la falta de regadíos, canales y puertos. Para corregir esta situación Jovellanos propone que los baldíos y montes comunales pasen a la propiedad privada, disolver la Mesta, cercar las fincas, y que los arrendamientos estén basados en el pacto libre entre los colonos y los propietarios, además de la limitación de los mayorazgos y la supresión de la amortización eclesiástica o de la eliminación de las trabas sobre los agricultores, además de la reforma de los impuestos.

A esto habría que añadir la reforma de la enseñanza, para hacerla más práctica, dándole más importancia a las materias científicas, y la inversión del Estado en obras públicas. Estas medidas crearían las condiciones para la constitución de un mercado de tierras, un aumento de la producción y la creación de un mercado nacional unificado que posibilitarían que aumentara la población y su nivel de vida, lo que serviría de base para el inicio de la industrialización.

Durante su estancia en Sevilla fue uno de los participantes en la tertulia de Pablo de Olavide, lo que influyó para que comenzara a escribir poesía amorosa y redactó la primera versión de la tragedia *El Pelayo* (1769) y la comedia *El delincuente honrado* (1773). *Pelayo* o *La muerte de Munuza* es la única tragedia redactada por Jovellanos. Es obra de juventud, compuesta en Sevilla, en 1769, cuando su creador contaba veinticinco años de edad, si bien fue corregida entre 1771 y 1772. La obra fue objeto de una reelaboración que dio lugar a una versión nueva, hecha entre 1782 y 1790. Se debió transmitir en manuscrito. Sólo en 1792 apareció una impresión, y ésta de carácter pirata. Su representación no tuvo lugar hasta 1782, trece años después de ser escrita; en aquel año se estrenó en Gijón. A principios de octubre de 1792 tuvo lugar su estreno en Madrid. La contribución de Jovellanos a la comedia se reduce a una sola obra, y ésta en los límites del género: *El delincuente honrado*, escrita en Sevilla para la tertulia de Olavide, y estrenada en Madrid veinte años más tarde, en 1787. Se trata de una comedia sentimental, derivación española de la "*comédie larmoyante*", creada en Francia por Nivelle de la Chausée.

También tradujo el primer libro de *El paraíso perdido,* de Milton. Fue el impulsor de una serie de mejoras en su ciudad natal, como la carretera Gijón–León, que, aunque no vio terminada, significó el traslado del comercio marítimo asturiano desde el puerto de Avilés al de Gijón. Además, impulsó todo tipo de reformas en el ámbito nacional, siendo un ilustrado clave de la época.

Selección de textos

-El delincuente honrado, 1773.

TORCUATO.- ¿Y quedará su honor bien puesto? El honor, señor, es un bien que todos debemos conservar; pero es un bien que no está en nuestra mano, sino en la estimación de los demás. La opinión pública le da y le quita. ¿Sabéis que quien no admite un desafío es al instante tenido por cobarde? Si es un hombre ilustre, un caballero, un militar, ¿de qué le servirá acudir a la justicia? La nota que le impuso la opinión pública, ¿podrá borrarla una sentencia? Yo bien sé que el honor es una quimera, pero sé también que sin él no puede subsistir una monarquía; que es alma de la sociedad; que distingue las condiciones y las clases; que es principio de mil virtudes políticas, y, en fin, que la legislación, lejos de combatirle, debe fomentarle y protegerle.

SIMÓN.- ¡Bueno, muy bueno! Discursos a la moda y opinioncitas de ayer acá; déjalos correr, y que se maten los hombres como pulgas.

TORCUATO.- La buena legislación debe atender a todo, sin perder de vista el bien universal. Si la idea que se tiene del honor no parece justa, al legislador toca rectificarla. Después de conseguido se podrá castigar al temerario que confunda el honor con la bravura. Pero mientras duren las falsas ideas, es cosa muy terrible castigar con la muerte una acción que se tiene por honrada.

-Memoria para el arreglo de la policía de los espectáculos y diversiones públicas y sobre su origen en España

Este pueblo necesita diversiones, pero no espectáculos. No ha menester que el gobierno le divierta, pero sí que le deje divertirse. En los pocos días, en las breves horas que puede destinar a su solaz y recreo, él buscará, él inventará sus entretenimientos; basta que se le dé libertad y protección para disfrutarlos. Un día de fiesta claro y sereno en que pueda libremente pasear, correr, tirar a la barra, jugar a la pelota, al tejuelo, a los bolos, merendar, beber, bailar y triscar por el campo, llenará todos sus deseos y le ofrecerá la diversión y el placer más cumplidos. ¡A tan poca costa se puede divertir a un pueblo, por grande y numeroso que sea!

-Reflexiones sobre la democracia, 1809.

No se conoce hoy, ni la hubo jamás, una simple democracia ejemplar. Los antiguos no conocieron bien, ni establecieron jamás la separación de los tres poderes· El descubrimiento de ellos se debe al estudio y meditación de los modernos. Suponiendo que un Gobierno mixto, donde estos tres poderes están separados, la Constitución de España, aunque imperfecta, era en la Media Edad de las mejores de Europa. Toda su imperfección consistía en que los tres poderes, aunque virtualmente separados, realmente no eran independientes. Los Reyes eran superiores a las Cortes y a los tribunales, y por eso los tres poderes venían a refundirse virtualmente en ellos. A los Reyes estaba reservada la convocación de las Cortes y su disolución, luego estaba en su mano suspender el ejercicio del poder legislativo.

Los Reyes eran libres en admitir o no las peticiones de las Cortes; y esto es, en sancionar o no las leyes propuestas por las Cortes; luego el poder legislativo no era libre. Los Reyes erigían los Tribunales, los instituían y nombraban sus ministros; reservaban a su Corte los casos mayores y la confirmación de sentencias penales; luego el poder judicial no era libre ni independiente.

Pero si para perfeccionar nuestra Constitución no sólo se separasen del todo los tres poderes, sino que se los hiciese del todo independientes y libres, se caería en mayores inconvenientes. Si el Rey pudiese hacer la guerra o la paz, proveer a la defensa exterior o a la tranquilidad externa del Estado, crear empleos, señalar recompensas a su arbitrio, en suma, obrar en todas sus atribuciones sin más regla que su voluntad, luego arruinaría al Estado con sus caprichos.

Si las Cortes pudiesen hacer las leyes, y sancionarlas, y llevarlas a ejecución sin intervención de nadie, si quisieran, se apoderarían del poder ejecutivo y podrían burlar el judicial; podrían forzar a éste a juzgar por leyes injustas y a aquél a ejecutarlas; en fin, unas Cortes de un año podrían deshacer en un día cuanto hubiesen establecido las de un siglo. Si el poder judicial pudiese juzgar libremente, ya en casos no determinados por la ley, ya interpretando la ley a su arbitrio, se convertiría por este medio indirecto en poder legislativo, y ya no serían las leyes sino los hombres, los que dispusieren de la fortuna y libertad de los individuos. Debe, pues, la Constitución, poner límite a la independencia de estos poderes, y este límite no puede hallarse sino en una balanza que mantenga entre ellos el equilibrio.

-Discurso económico sobre los medios de promover la felicidad de Asturias dirigido a su Real Sociedad por Don Gaspar Melchor de Jovellanos. 1781

Por esta virtud [el patriotismo] tan provechosa está cercana a muchos vicios políticos que la destruyen del todo, o frustran al menos sus saludables efectos. La Sociedad debe desterrar de su centro estos vicios si quiere ser autora del bien del Principado. Irelos apuntando brevemente para que, siendo conocidos, pueda la Sociedad precaverlos o combatirlos.

La vanidad es el primero de estos vicios; y es tanto más temible cuanto suele abrigarse a la sombra del patriotismo. Los hombres tienen una especie de derecho a que sus buenas acciones sean recompensadas con la estimación y la alabanza ajena; pero el amor propio abusa muchas veces de este derecho. El que se considera más útil en un[2] cuerpo quiere dominar en él; el talento quiere ser preferido a la ignorancia; el celo a la indiferencia; la laboriosidad a la desidia. De aquí nacen las emulaciones, envidias y desórdenes que destruyen la unión y la concordia y, produciendo divisiones y partidos, rompen los vínculos que debieran unir estrechamente a los que son miembros de un mismo cuerpo y de un mismo Estado. ¿Cómo es posible entonces caminar de un acuerdo al bien y a la prosperidad?

Es, pues, forzoso desterrar de nuestra Sociedad la vanidad y el orgullo, y hacer que entre sus miembros se observe una perpetua e inalterable igualdad. No hay individuo alguno que no pueda trabajar útilmente por el bien general. Unos pueden promoverlo con su celo, otros con su liberalidad, otros con su aplicación y talento, otros, en fin, con mil especies de auxilios necesarios para el logro de los comunes deseos. ¿Quién será el que podrá lisonjearse de ser el único autor del bien que se procura ver en estos cuerpos patrióticos? Toda pretensión, pues, de preferencia es injusta; toda idea de dominación, funesta y perniciosa.

La ignorancia es otro vicio que deben desterrar las Sociedades. Un socio debe procurar aquellos conocimientos que son indispensables para promover el bien del público, pues que ésta es una empresa que nunca podrá acabar la ignorancia. No pretendo yo que la Sociedad sea una academia, ni todos sus miembros sabios consumados; pero deseo que el estudio de la economía política haga familiares a la Sociedad y a los socios las buenas ideas de administración y gobierno; sin este estudio se pueden cometer mil errores, y con él se pueden inventar y verificar muy útiles establecimientos.

Al contrario, la ignorancia siempre es ciega. No conoce el bien para seguirlo, ni el mal para evitarlo. Deja de hacer muchas cosas por temor de hacerlas mal, y cuando quiere obrar, ni sabe buscar caminos nuevos, porque no los conoce, ni huir de las sendas comunes y trilladas, porque desconoce los errores y males a que le han conducido. La preocupación, su inseparable compañía, levanta a todas horas el grito contra toda novedad, sin examinar si es útil, y declama continuamente en favor de las máximas conocidas, por más que sean erróneas y funestas. Ambas prefieren el mal conocido al bien por conocer. Finalmente, el vulgo de los ignorantes y preocupados va siempre, según el dicho de Séneca, non qua eundum, sed qua itur (no por donde se debe ir, sino por donde se va).

-Soneto a Clori

Sentir de una pasión viva y ardiente
todo el afán, zozobra y agonía;
vivir sin premio un día y otro día;
dudar, sufrir, llorar eternamente;

amar a quien no ama, a quien no siente,
a quien no corresponde ni desvía;
persuadir a quien cree y desconfía;
rogar a quien otorga y se arrepiente;

luchar contra un poder justo y terrible;
temer más la desgracia que la muerte;
morir, en fin, de angustia y de tormento,

víctima de un amor irresistible:
ésta es mi situación, ésta es mi suerte.
¿Y tú quieres, cruel, que esté contento?

LARRA

Nace: 1809 - Muere: 1837

Mariano José de Larra un escritor y periodista. A pesar de su corta vida, es considerado, junto con Espronceda, Bécquer y Rosalía de Castro, uno de los máximos exponentes del romanticismo español. Crítico satírico y literario, periodista y escritor costumbrista, publicó más de cien artículos en tan sólo ocho años, incluyendo el más famoso *"Castellano viejo"*, allanando el camino para la no ficción. Escribió bajo varios seudónimos, incluyendo Fígaro, Duende, Bachiller. Larra representó el "romanticismo democrático en acción". Lejos de disfrutar de efusiones sentimentales, Fígaro colocó a España en el centro de su obra crítica y satírica. Su obra debe interpretarse a la luz del contexto de las Cortes, nacido inmediatamente después de la Década Ominosa (1823-33) y la primera guerra carlista(1833-40).

Mariano José de Larra nació el 24 de marzo de 1809 en Madrid, en la calle de Segovia, donde una vez fue la Casa de la Moneda, en la que había trabajado su abuelo. Sus padres fueron Mariano de Larra y Langelot y su segunda esposa María de los Dolores Sánchez de Castro. Su padre, médico, se había distinguido como médico militar por el ejército bonapartista durante la guerra de independencia española, por lo que en 1813, cuando el pequeño Mariano tenía cuatro años, su familia tuvo que abandonar el país siguiendo al rey José Bonaparte en el exilio, primero en Burdeos y luego en París.

Gracias a la amnistía promovida por Fernando VII, la familia pudo regresar a su tierra natal en 1818 y se recuperó en Madrid, donde el padre se convirtió en el médico personal del niño Francisco de Paula, uno de los hermanos del rey Fernando. Larra continuó sus estudios en Madrid en Madrid, y siguió a su padre a los destinos que su trabajo le trajo por toda España.

En 1824 se mudó a Valladolid para estudiar en la universidad. El año siguiente, sin embargo, regresó a la capital. Aquí continuó sus estudios y en 1827 ingresó en los Voluntarios Realistas, un cuerpo paramilitar compuesto por absolutistas convencidos. Comenzó a escribir poesía, especialmente odio y sátira, pero fue el periodismo satírico lo que le dio fama. En 1828 publicó una revista de ensayo mensual llamada *El duende satírico del día* , dedicada a la crítica de la sociedad de la época. Larra firmó bajo el seudónimo de Duende. No era un opositor del absolutismo sino un periodista que criticaba a la sociedad a través de la sátira. Fue parte del "Parnesillo", un grupo de jóvenes que se reunieron en un café en Madrid para discutir y expresar sus opiniones. En diciembre de 1828, después de criticar a otra revista y haber tenido una discusión con el director de la misma, *El duende* tuvo que cerrar. Sin embargo, se consideraba a Larra un observador renombrado y entusiasta de la realidad social y política.

En 1829 se casó con Josefa Wetoret Velasco, pero el matrimonio fracasó y terminó con la separación unos años más tarde, convirtiéndose en una de las causas que lo llevaron al suicidio. Sin embargo, la pareja tuvo tres hijos: Luis Mariano, futuro escritor de zarzuelas, Adela, futura amante de Amadeo I de Saboya y Baldomera, futura novia del doctor real, Don Carlos de Montemar.

En 1830, Larra tradujo obras francesas para el empresario Grimaldi y al mismo tiempo comenzó a escribir sobre las suyas, presentando el estreno el año siguiente. El mismo año conoció a Dolores Armijo, con quien sostuvo una relación difícil cuando ambos estaban casados.

En 1832 comenzó a escribir artículos de crítica social en varias revistas, como *El pobrecito hablador* y *La revista española* , esta última de inspiración liberal. La crítica literaria y política se incluyó en un marco urbanista, así como en los ataques contra los carlistas que habían pasado del absolutismo al liberalismo. En 1834 publicó la novela histórica *El doncel de Don Enrique el Doliente*, cuyo protagonista es el mismo del drama histórico *Macías*, censurado el año anterior. Ambos tratan de la vida del poeta medieval Macías y sus amores adúlteros, tema cercano al autor.

En el verano de 1834, Dolores deja Madrid, abandonándolo, mientras se separa de su esposa. En 1835, Larra viajó a Lisboa, Londres, Bruselas y París. Estuvo allí unos meses y conoció a Victor Hugo y Alexandre Dumas. Ese año se publicó en Madrid una colección de sus artículos bajo el seudónimo de Fígaro.

De regreso en Madrid, comenzó a colaborar con el periódico *El español* y se centró en temas políticos, hasta que fue candidato a moderados y fue elegido diputado a Ávila en 1836. Sin embargo, el motín de La Granja le impidió ejercer como político. El derrocamiento de la situación política y social española se sumó al dolor de la separación definitiva de Dolores Armijo y se reflejó en sus artículos.

En la noche del 13 de febrero de 1837, Dolores Armijo y su cuñada fueron a visitarlo; le informó a Larra que su relación definitivamente había terminado. Cuando los dos se fueron, se suicidó pegándose un tiro en la sien derecha, con sólo veintisiete años. Mucha gente asistió a su funeral; José Zorrilla leyó una elegía dedicada al periodista, haciéndose conocido como un poeta. El lugar de su entierro ha cambiado a lo largo de los años; ahora está en el Panteón de los Hombres Ilustres de la Asociación de Escritores y Artistas Españoles.

En 1908 algunos representantes de la generación del 98, como Azorín, Unamuno y Baroja, trajeron una corona de flores sobre su tumba, un homenaje que representó el redescubrimiento e identificación del grupo con el pensamiento de Larra y su preocupación por España.

Selección de textos

-El Castellano Viejo.

¡Oh honradas casas donde un modesto cocido y un principio final constituyen la felicidad diaria de una familia, huid del tumulto de un convite de día de días! Sólo la costumbre de comer y servirse bien diariamente puede evitar semejantes destrozos.

¿Hay más desgracias? ¡Santo cielo! ¡Sí las hay para mí, infeliz! Doña Juana, la de los dientes negros y amarillos, me alarga de su plato y con su propio tenedor una fineza, que es indispensable aceptar y tragar; el niño se divierte en despedir a los ojos de los concurrentes los huesos disparados de las cerezas; don Leandro me hace probar el manzanilla exquisito, que he rehusado, en su misma copa, que conserva las indelebles señales de sus labios grasientos; mi gordo fuma ya sin cesar y me hace cañón de su chimenea; por fin, ¡oh última de las desgracias!, crece el alboroto y la conversación; roncas ya las voces, piden versos y décimas y no hay más poeta que Fígaro.

-Es preciso.

-Tiene usted que decir algo -claman todos.

-Désele pie forzado; que diga una copla a cada uno.

-Yo le daré el pie: «A don Braulio en este día».

-Señores, ¡por Dios!

-No hay remedio.

-En mi vida he improvisado.

-No se haga usted el chiquito.

-Me marcharé.

-Cerrar la puerta.

-No se sale de aquí sin decir algo.

Y digo versos por fin, y vomito disparates, y los celebran, y crece la bulla y el humo y el infierno. A Dios gracias, logro escaparme de aquel nuevo Pandemonio. Por fin, ya respiro el aire fresco y desembarazado de la calle; ya no hay necios, ya no hay castellanos viejos a mi alrededor.

-¡Santo Dios, yo te doy gracias, exclamo respirando, como el ciervo que acaba de escaparse de una docena de perros y que oye ya apenas sus ladridos; para de aquí en adelante no te pido riquezas, no te pido empleos, no honores; líbrame de los convites caseros y de días de días; líbrame de estas casas en que es un convite un acontecimiento, en que sólo se pone la mesa decente para los convidados, en que creen hacer obsequios cuando dan mortificaciones, en que se hacen finezas, en que se dicen versos, en que hay niños, en que hay gordos, en que reina, en fin, la brutal franqueza de los castellanos viejos! Quiero que, si caigo de nuevo en tentaciones semejantes, me falte un roastbeef, desaparezca del mundo el beefsteak, se anonaden los timbales de macarrones, no haya pavos en Périgueux, ni pasteles en Perigord, se sequen los viñedos de Burdeos, y beban, en fin, todos menos yo la deliciosa espuma del champagne.

Concluida mi deprecación mental, corro a mi habitación a despojarme de mi camisa y de mi pantalón, reflexionando en mi interior que no son unos todos los hombres, puesto que los de un mismo país, acaso de un mismo entendimiento, no tienen las mismas costumbres, ni la misma delicadeza, cuando ven las cosas de tan distinta manera. Vístome y vuelo a olvidar tan funesto día entre el corto número de gentes que piensan, que viven sujetas al provechoso yugo de una buena educación libre y desembarazada, y que fingen acaso estimarse y respetarse mutuamente para no incomodarse, al paso que las otras hacen ostentación de incomodarse, y se ofenden y se maltratan, queriéndose y estimándose tal vez verdaderamente.

-El doncel de Don Enrique el Doliente

Tiempos felices, o infelices, en que ni la hermosura de las poblaciones, ni la fácil comunicación entre los hombres de apartados países, ni la seguridad individual que en el día casi nos garantizan nuestras ilustradas legislaciones, ni una multitud, en fin, de refinadas y exquisitas necesidades ficticias satisfechas, podían apartar de la imaginación del cristiano la idea, que procura inculcarnos nuestro sagrado dogma, de que hacemos en esta vida transitoria una breve y molesta peregrinación, que nos conduce a término más estable y bienaventurado.

Mis arreos son las armas

Mi descanso es pelear,

podían repetir con sobrada razón nuestros antepasados de cuatro o cinco siglos: nuestra nación, como las demás de Europa, no presentaba a la perspicacia del observador sino un caos confuso, un choque no interrumpido de elementos heterogéneos que tendían a equilibrarse, pero que por la ausencia prolongada de un poder superior que los amalgamase y ordenase, completando el gran milagro de la civilización, se encontraban con extraña violencia en un vasto campo de disensiones civiles, de guerras exteriores, de rencillas, de desafíos, y a veces de crímenes, que con nuestras extremadas instituciones mal en la actualidad se conformarían.

Una incomprensible mezcla de religión y de pasiones, de vicios y virtudes, de saber y de ignorancia, era el carácter distintivo de nuestros siglos medios. Aquel mismo príncipe que perdía demasiado tiempo en devociones minuciosas, y que expendía sus tesoros en piadosas fundaciones, se mostraba con frecuencia inconsecuente en su devoción, o descubría de una manera bien perentoria lo frívolo de su piedad, pues en vez de arreglar por ésta su conducta, se le veía no pocas veces salir de los templos del Altísimo para ir a descansar de las fatigas del gobierno en los brazos de una seductora concubina, que usurpaba la mitad del lecho regio de su consorte despreciada.

El caballero que volvía de reconquistar el santo sepulcro del Salvador, y que llevaba ricamente bordado en el pecho el signo augusto de la redención, aquel mismo cruzado que al entrar en el gremio de la Iglesia había depuesto en las fuentes bautismales el vano deseo de venganza, adoptando y jurando, a imitación del hombre Dios, el perdón de las injurias, sin el menor escrúpulo de conciencia declaraba las muestras de su organización irascible, que a gala tenía; a la menor sombra de pretendida ofensa corría lanza en ristre a partir el sol del palenque, y a abrir una ancha fuente de sangre humana en el pecho de su adversario, invocando a un tiempo, por una inexplicable contradicción, el nombre santo de Dios y el nombre profano de la dama por quien moría.

En vano la religión se esforzaba en dulcificar las costumbres de los hijos de los godos, exaltados por la prolongada guerra con los sarracenos. Es verdad que ganaba terreno, pero era con lentitud; entretanto se criaba el caballero para hacer la guerra y matar. Verdad es que los primeros enemigos contra quien debía dirigirse eran los moros; pero muchas veces lo eran también los cristianos, y había quien matando dos de aquéllos por cada uno de estos últimos, creía lavado el pecado de su espantoso error. Matar infieles era la grande obra meritoria del siglo, a la cual, como al agua bendecida por el sacerdote, daban engañados algunos la rara virtud de lavar toda clase de pecados.

-El casarse pronto y mal

Así como tengo aquel sobrino de quien he hablado en mi artículo de empeños y desempeños, tenía otro no hace mucho tiempo, que en esto suele venir a parar el tener hermanos. Éste era hijo de una mi hermana, la cual había recibido aquella educación que se daba en España no hace ningún siglo: es decir, que en casa se rezaba diariamente el rosario, se leía la vida del santo, se oía misa todos los días, se trabajaba los de labor, se paseaba las tardes de los de guardar, se velaba hasta las diez, se estrenaba vestido el domingo de

Ramos, y andaba siempre señor padre, que entonces no se llamaba «papá», con la mano más besada que reliquia vieja, y registrando los rincones de la casa, temeroso de que las muchachas, ayudadas de su cuyo, hubiesen a las manos algún libro de los prohibidos, ni menos aquellas novelas que, como solía decir, a pretexto de inclinar a la virtud, enseñan desnudo el vicio.

No diremos que esta educación fuese mejor ni peor que la del día, sólo sabemos que vinieron los franceses, y como aquella buena o mala educación no estribaba en mi hermana en principios ciertos, sino en la rutina y en la opresión doméstica de aquellos terribles padres del siglo pasado, no fue necesaria mucha comunicación con algunos oficiales de la guardia imperial para echar de ver que si aquel modo de vivir era sencillo y arreglado, no era sin embargo el más divertido. ¿Qué motivo habrá, efectivamente, que nos persuada que debemos en esta corta vida pasarlo mal, pudiendo pasarlo mejor? Aficionose mi hermana de las costumbres francesas, y ya no fue el pan pan, ni el vino vino: casose, y siguiendo en la famosa jornada de Vitoria la suerte del tuerto Pepe Botellas, que tenía dos ojos muy hermosos y nunca bebía vino, emigró a Francia.

Excusado es decir que adoptó mi hermana las ideas del siglo; pero como esta segunda educación tenía tan malos cimientos como la primera, y como quiera que esta débil humanidad nunca supo detenerse en el justo medio, pasó del Año Cristiano a Pigault Lebrun, y se dejó de misas y devociones, sin saber más ahora por qué las dejaba que antes por qué las tenía. Dijo que el muchacho se había de educar como convenía; que podría leer sin orden ni método cuanto libro le viniese a las manos, y qué sé yo qué más cosas decía de la ignorancia y del fanatismo, de las luces y de la ilustración, añadiendo que la religión era un convenio social en que sólo los tontos entraban de buena fe, y del cual el muchacho no necesitaba para mantenerse bueno; que «padre» y «madre» eran cosa de brutos, y que a «papá» y «mamá» se les debía tratar de tú, porque no hay amistad que iguale a la que une a los padres con los hijos (salvo al-

gunos secretos que guardarán siempre los segundos de los primeros, y algunos soplamocos que darán siempre los primeros a los segundos): verdades todas que respeto tanto o más que las del siglo pasado, porque cada siglo tiene sus verdades, como cada hombre tiene su cara.

UNAMUNO

Nace: 1864 - Muere: 1936

Miguel de Unamuno y Jugo fue un ensayista, novelista, poeta, dramaturgo, filósofo, profesor de griego y de las obras clásicas, y más tarde rector de la Universidad de Salamanca

Miguel de Unamuno nació en Bilbao, hijo de Félix de Unamuno y Salomé Jugo. De joven, se interesó por el vasco y compitió por un puesto docente en el *Instituto de Bilbao* contra Sabino Arana. El concurso fue finalmente ganado por la erudita vasca Resurrección María de Azkue.

Unamuno trabajó en todos los géneros principales: el ensayo, la novela, la poesía y el teatro, y, como modernista, contribuyó en gran medida a la disolución de los límites entre los géneros. Unamuno hubiera preferido ser profesor de filosofía, pero no pudo obtener este puesto; la filosofía estaba en España por aquel entonces algo politizada. En cambio, se convirtió en profesor griego.

En 1901, Unamuno dio su conferencia sobre la inviabilidad científica y literaria del vasco. Según Azurmendi, Unamuno se opuso al vasco una vez que sus puntos de vista políticos cambiaron a lo largo de su reflexión sobre España.

Además de su escritura, Unamuno jugó un papel importante en la vida intelectual de España. Se desempeñó como rector de la Universidad de Salamanca durante dos períodos: de 1900 a 1924 y de 1930 a 1936, durante una época de gran agitación social y política. Unamuno fue removido de sus dos cátedras universitarias por el dictador general Miguel Primo de Rivera en 1924, por las protestas de otros intelectuales españoles. Vivió en el exilio hasta 1930, primero desterrado a Fuerteventura, en las Islas Canarias; su casa ahora es un museo, como es su casa en Salamanca. De Fuerteventura escapó a Francia, como se relata en su libro *De Fuerteventura a Paris*. Después de un año en París, Unamuno se estableció en Hendaya, una ciudad fronteriza en el País Vasco francés, tan cerca de España como pudo mientras permanecía en Francia. Unamuno regresó a España después de la caída de la dictadura del general Primo de Rivera en 1930 y tomó nuevamente su rectoría. Se dice en Salamanca que el día que regresó a la Universidad, Unamuno comenzó su conferencia diciendo "Como estábamos diciendo ayer ..." como Fray Luis de León había hecho en el mismo lugar en 1576, después de cuatro años de prisión por la Inquisición. Era como si no hubiera estado ausente en absoluto. Después de la caída de la dictadura de Primo de Rivera, España se embarcó en su Segunda República. Él era un candidato para el pequeño partido intelectual *Agrupación al Servicio de la República.* Siempre fue un moderado y rechazó todos los extremismos políticos y anticlericales.

Habiendo comenzado su carrera literaria como internacionalista, Unamuno gradualmente se convenció de los valores universales de la cultura española, sintiendo que las cualidades esenciales de España serían destruidas si se vieran influenciadas demasiado por fuerzas externas. Por lo tanto, inicialmente acogió la revuelta de Franco como necesaria para rescatar a España de los excesos de la Segunda República. Sin embargo, las duras tácticas empleadas por los franquistas en la lucha contra sus oponentes republicanos lo llevaron a oponerse tanto a la República como a Franco. Unamuno dijo sobre la revuelta militar que sería la victoria de "un catolicismo que no es cristiano y de un militarismo paranoico criado en las campañas coloniales".

En 1936, Unamuno tuvo una disputa pública con el general Millán Astray en la Universidad en la que denunció tanto a Astray -con quien había tenido batallas verbales en la década de 1920- como a elementos del movimiento rebelde. Astray irrumpió en medio del discurso de Unamuno con su famosa frase "¡Viva la muerte!", a lo que Unamuno respondió sugiriendo que Astray quería ver a España lisiada. Un historiador señala que su discurso fue un "notable acto de coraje moral" y que corría el riesgo de ser linchado en el acto, pero fue salvado por la esposa de Franco que lo sacó del lugar. Poco después, Unamuno fue eliminado efectivamente por segunda vez de su puesto en la universidad. Con el corazón roto, fue puesto bajo arresto domiciliario, y su muerte siguió diez semanas más tarde, el 31 de diciembre. Unamuno murió mientras dormía, lo que consideró como la mejor y más indolora forma de morir.

Unamuno era un famoso lusófilo, probablemente el mejor conocedor de la cultura, literatura e historia portuguesas de su tiempo. Creía que era tan importante para un español familiarizarse con los grandes nombres de la literatura portuguesa como con los de la literatura catalana. También fue partidario del federalismo ibérico.

La filosofía de Unamuno no era sistemática, sino más bien una negación de todos los sistemas y una afirmación de la fe "en sí misma". Se desarrolló intelectualmente bajo la influencia del racionalismo y el positivismo, pero durante su juventud escribió artículos que muestran claramente su simpatía por el socialismo y su gran preocupación por la situación en la que se encontraba España en ese momento. Un concepto importante para Unamuno fue *intrahistoria* . Pensaba que la mejor manera de entender la historia es observando las pequeñas historias de personas anónimas, en lugar de centrarse en eventos importantes como guerras y pactos políticos. Algunos autores relativizan la importancia de la *intrahistoria* en su pensamiento. Esos autores dicen que más que un concepto claro es una metáfora ambigua. El término aparece por primera vez en el ensayo *En torno al casticismo* (1895), pero Unamuno lo deja pronto.

A fines del siglo XIX, Unamuno sufrió una crisis religiosa y abandonó la filosofía positivista. Luego, a principios del siglo XX, desarrolló su propio pensamiento influenciado por el existencialismo. La vida fue trágica, según Unamuno, debido al conocimiento de que debemos morir. Él explica gran parte de la actividad humana como un intento de sobrevivir, de alguna forma, después de nuestra muerte. Unamuno resumió así su credo personal: *"Mi religión es buscar la verdad en la vida y la vida en la verdad, aun sabiendo que no los encontraré mientras viva"*. Dijo: *"Entre los hombres de carne y hueso ha habido ejemplos típicos de aquellos que poseen este sentido trágico de la vida. Recuerdo ahora a Marco Aurelio, Pascal, Rousseau, René, Obermann, Thomson, Leopardi, Vigny, Lenau, Kleist, Amiel, Quental, Kierkegaard, hombres cargados de sabiduría en lugar de conocimiento".* Proporciona una discusión estimulante sobre las diferencias entre fe y razón en su obra más famosa: *El sentido trágico de la vida* (1912).

Desde su niñez hasta sus últimos y difíciles días, Unamuno expresó irónicamente puntos de vista filosóficos sobre el platonismo, el escolástico, el positivismo y la cuestión de la "ciencia contra la religión" en términos de figuras de "origami", especialmente la *pajarita* española tradicional. Como también era lingüista (profesor de griego), acuñó la palabra "cocotología" para describir el arte del doblado de papel. Después de la conclusión de *Amor y pedagogía* (1902), incluyó en el volumen, atribuyéndolo a uno de los personajes, *"Apuntes para un tratado de cocotología"*.

Selección de textos

-San Manuel Bueno, mártir, 1933

-Entonces -prosiguió mi hermano- comprendí sus móviles y con esto comprendí su santidad; porque es un santo, hermana, todo un santo. No trataba, al emprender ganarme para su santa causa -porque es una causa santa, santísima-, arrogarse un triunfo, sino que lo hacía por la paz, por la felicidad, por la ilusión si quieres, de

los que le están encomendados; comprendí que si los engaña así -si es que esto es engaño- no es por medrar. Me rendí a sus razones, y he aquí mi conversión. Y no me olvidaré jamás del día en que diciéndole yo: «Pero, don Manuel, la verdad, la verdad ante todo», él temblando, me susurró al oído -y eso que estábamos solos en medio del campo-: «¿La verdad? La verdad, Lázaro, es acaso algo terrible, algo intolerable, algo mortal; la gente sencilla no podría vivir con ella». «Y ¿por qué me la deja entrever ahora aquí, como confesión?», le dije. Y él: «Porque si no me atormentaría tanto, tanto, que acabaría gritándola en medio de la plaza, y eso jamás, jamás, jamás. Yo estoy para hacer vivir a las almas de mis feligreses, para hacerlos felices, para hacerles que se sueñen inmortales y no para matarlos. Lo que aquí hace falta es que vivan sanamente, que vivan en unanimidad de sentido, y con la verdad, con mi verdad, no vivirían. Que vivan. Y esto hade la Iglesia, hacerlos vivir. ¿Religión verdadera? Todas las religiones son verdaderas en cuanto hacen vivir espiritualmente a los pueblos que las profesan, en cuanto les consuelan de haber tenido que nacer para morir, y para cada pueblo la religión más verdadera es la suya, la que ha hecho. ¿Y la mía? La mía es consolarme en consolar a los demás, aunque el consuelo que les doy no sea el mío». Jamás olvidaré estas sus palabras.

-Fragmentos de Del sentimiento trágico de la vida, 1912.

"¿Y qué es el derecho a la vida? Me dicen que he venido a realizar no sé qué fin social; pero yo siento que yo, lo mismo que cada uno de mis hermanos, he venido a realizarme, a vivir".

"La vida es tragedia, y la tragedia es perpetua lucha, sin victoria ni esperanza de ella; es contradicción."

"¿Por qué quiero saber de donde vengo y adónde voy, de donde viene y adónde va lo que me rodea, y qué significa todo esto? Porque no quiero morirme del todo, y quiero saber si he de morirme o no definitivamente. Y si no muero, ¿qué será de mí?; y si muero, ya nada tiene sentido. Y hay tres soluciones: a)o sé que me muero del

todo y entonces la desesperación irremediable, o b) sé que no muero del todo, y entonces la resignación, o c) no puedo saber ni una cosa ni otra cosa, y entonces la resignación desesperada, o una desesperación resignada, y la lucha."

"Cuando las dudas invaden y nublan la fe en la inmortalidad del alma, cobra brío y doloroso empuje el ansia de perpetuar el nombre y la fama. Y de aquí esa tremenda lucha por singularizarse, por sobrevivir de algún modo en la memoria de los otros y los venideros, esa lucha mil veces más terrible que la lucha por la vida, y que da tono, color y carácter a esta nuestra sociedad, en que la fe medieval en el alma inmortal se desvanece. Cada cual quiere afirmarse siquiera en apariencia."

"Decir que todo es Dios, y que al morir volvemos a Dios, mejor dicho seguimos en Él, nada vale a nuestro anhelo; pues si es así, antes de nacer , en Dios estábamos, y si volvemos al morir adonde antes de nacer estábamos, el alma humana, la conciencia individual, es perecedera."

"Cuantas más murallas ponga el Destino y el mundo y su ley entre los amantes, con tanta más fuerza se sienten empujados el uno al otro, y la dicha de quererse les amarga, y se les acrecienta el dolor de no poder quererse a las claras y libremente, y se compadecen desde las raíces del corazón el uno del otro, y esta común compasión, que es su miseria y su fidelidad común, da fuego y pábulo a su vez a su amor. Y sufren su gozo gozando su sufrimiento. Y ponen su amor fuera del mundo, y la fuerza de ese pobre amor sufriente bajo el yugo del Destino les hace intuir otro mundo en que no hay más ley que la libertad del amor, otro mundo en que no hay barreras porque no hay carne. Porque nada nos penetra más de la esperanza y la fe en otro mundo que la imposibilidad de que un amor nuestro fructifique de veras en este mundo de carne y apariencias."

-Sombra de humo

Sombra de humo cruza el prado!

¡Y que se va tan de prisa!
¡No da tiempo a la pesquisa
de retener lo pasado!

Terrible sombra de mito
que de mi propio me arranca,
¿es acaso una palanca
para hundirse en lo infinito?

Espejo que me deshace
mientras en él me estoy viendo,
el hombre empieza muriendo
desde el momento en que nace.

El haz del alma te ahúma
del humo al irse a la sombra,
con su secreto te asombra
y con su asombro te abruma.

-Fragmentos de Niebla, 1914.

"Pues sí, soy español, español de nacimiento, de educación, de cuerpo, de espíritu, de lengua y hasta de profesión y oficio; español sobre todo y ante todo, y el españolismo es mi religión, y el cielo en que quiero creer es una España celestial y eterna y mi Dios un Dios español, el de Nuestro Señor Don Quijote, un Dios que piensa en español y en español dijo: ¡sea la luz!, y su verbo fue verbo español..."

"¡Yo no puedo morirme; sólo se muere el que está vivo, el que existe, y yo, como no existo, no puedo morirme..., soy inmortal! No hay inmortalidad como la de aquello que, cual yo, no ha nacido y no existe. Un ente de ficción es una idea, y una idea es siempre inmortal... los inmortales no vivimos, y yo no vivo, sobrevivo; ¡yo soy idea!, ¡soy idea!"

"Cuando el hombre se queda a solas y cierra los ojos al porvenir, al ensueño, se le rebela el abismo pavoroso de la eternidad. La eternidad no es porvenir. Cuando morimos nos da la muerte media vuelta en nuestra órbita y emprendemos la marcha hacia atrás, hacia el pasado, hacia lo que fue."

"Los hombres no sucumbimos a las grandes penas y a las grandes alegrías, y es porque esas penas y esas alegrías vienen embozadas en una inmensa niebla de pequeños incidentes. Y la vida es esto, niebla. La vida es una nebulosa."

-*Mi religión, 1910.*

«Sed perfectos como vuestro Padre que está en los cielos es perfecto», nos dijo el Cristo, y semejante ideal de perfección es, sin duda, inasequible. Pero nos puso lo inasequible como meta y término de nuestros esfuerzos. Y ello ocurrió, dicen los teólogos, con la gracia. Y yo quiero pelear mi pelea sin cuidarme de la victoria. ¿No hay ejércitos y aun pueblos que van a una derrota segura? ¿No elogiamos a los que se dejaron matar peleando antes que rendirse? Pues ésta es mi religión.

Ésos, los que me dirigen esa pregunta, quieren que les dé un dogma, una solución en que pueda descansar el espíritu en su pereza. Y ni esto quieren, sino que buscan poder encasillarme y meterme en uno de los cuadriculados en que colocan a los espíritus, diciendo de mi: es luterano, es calvinista, es católico, es ateo, es racionalista, es místico, o cualquier otro de estos motes, cuyo sentido claro desconocen, pero que les dispensa de pensar más. Y yo no quiero dejarme encasillar, porque yo, Miguel de Unamuno, como cualquier otro hombre que aspire a conciencia plena, soy una especie única. «No hay enfermedades, sino enfermos», suelen decir algunos médicos, y yo digo que no hay opiniones, sino opinantes.

En el orden religioso apenas hay cosa alguna que tenga racionalmente resuelta, y como no la tengo, no puedo comunicarla lógicamente, porque sólo es lógico y transmisible lo racional. Tengo, sí, con el afecto, con el corazón, con el sentimiento, una fuerte tendencia al cristianismo sin atenerme a dogmas especiales de esta o de aquella confesión cristiana. Considero cristiano a todo el que invoca con respeto y amor el nombre de Cristo, y me repugnan los ortodoxos, sean católicos o protestantes —éstos suelen ser tan intransigentes como aquéllos— que niegan cristianismo a quienes no interpretan el Evangelio como ellos. Cristiano protestante conozco que niega el que los unitarios sean cristianos.

Confieso sinceramente que las supuestas pruebas racionales —la ontológica, la cosmológica, la ética, etcétera— de la existencia de Dios no me demuestran nada; que cuantas razones se quieren dar de que existe un Dios me parecen razones basadas en paralogismos y peticiones de principio. En esto estoy con Kant. Y siento, al tratar de esto, no poder hablar a los zapateros en términos de zapatería.

Nadie ha logrado convencerme racionalmente de la existencia de Dios, pero tampoco de su no existencia; los razonamientos de los ateos me parecen de una superficialidad y futileza mayores aún que los de sus contradictores. Y si creo en Dios, o, por lo menos, creo creer en Él, es, ante todo, porque quiero que Dios exista, y después, porque se me revela, por vía cordial, en el Evangelio y a través de Cristo y de la Historia. Es cosa de corazón. Lo cual quiere decir que no estoy convencido de ello como lo estoy de que dos y dos hacen cuatro.

Si se tratara de algo en que no me fuera la paz de la conciencia y el consuelo de haber nacido, no me cuidaría acaso del problema; pero como en él me va mi vida toda interior y el resorte de toda mi acción, no puedo aquietarme con decir: ni sé ni puedo saber. No sé, cierto es; tal vez no pueda saber nunca, pero «quiero» saber. Lo quiero, y basta. Y me pasaré la vida luchando con el misterio y aun sin esperanza de penetrarlo, porque esa lucha es mi alimento y es mi consuelo. Sí, mi consuelo. Me he acostumbrado a sacar esperanza de la desesperación misma. Y no griten ¡Paradoja! los mentecatos y los superficiales.

No concibo a un hombre culto sin esta preocupación, y espero muy poca cosa en el orden de la cultura - y cultura no es lo mismo que civilización - de aquellos que viven desinteresados del problema religioso en su aspecto metafísico y sólo lo estudian en su aspecto social o político. Espero muy poco para el enriquecimiento del tesoro espiritual del género humano de aquellos hombres o de aquellos pueblos que por pereza mental, por superficialidad, por cientificismo, o por lo que sea, se apartan de las grandes y eternas inquietudes del corazón. No espero nada de los que dicen: «¡No se debe pensar en eso!»; espero menos aún de los que creen en un cielo y un infierno como aquel en que creíamos de niños, y espero todavía menos de los que afirman con la gravedad del necio: «Todo eso no son sino fábulas y mitos; al que se muere lo entierran, y se acabó». Sólo espero de los que ignoran, pero no se resignan a ignorar; de los que luchan sin descanso por la verdad y ponen su vida en la lucha misma más que en la victoria.

Y lo más de mi labor ha sido siempre inquietar a mis prójimos, removerles el poso del corazón, angustiarlos, si puedo. Lo dije ya en mi Vida de Don Quijote y Sancho, que es mi más extensa confesión a este respecto. Que busquen ellos, como yo busco; que luchen, como lucho yo, y entre todos algún pelo de secreto arrancaremos a Dios, y, por lo menos, esa lucha nos hará más hombres, hombres de más espíritu.

JUAN RAMÓN JIMÉNEZ

Nace: 1881 - Muere: 1958

Juan Ramón Jiménez Mantecón nacido en Moguer (Huelva) el 23 de diciembre de de 1881 y murió en San Juan (Puerto Rico) el 29 de mayo de de 1958, fue un poeta , ganador del premio Nobel de Literatura en 1956, mientras permaneció en el exilio desde su segundo país, Puerto Rico (donde también vivieron otras figuras peninsulares de renombre, como Pau Casals y Francisco Ayala) .

Era hijo de Víctor Jiménez y Purificación Mantecón, que se dedicaron con éxito al comercio del vino. Después de estudiar Bachillerato con los jesuitas en el Puerto de Santa María, comenzó la carrera de abogacía impuesta por su padre en la Universidad de Sevilla, aunque no terminó sus estudios. Los poemas de Rubén Darío, el miembro más destacado del Modernismo en la poesía hispana, lo habían conmovido especialmente en su juventud.

En 1900 publicó sus primeros dos libros de texto. La muerte de su padre en el mismo año y la ruina le causó una profunda preocupación. Vivió intensamente debido a su carácter hiperestésico, y en 1901 fue admitido por depresión en un sanatorio en Burdeos, donde tuvo un romance con la esposa de su psiquiatra. En 1905 regresó a su ciudad natal y seis años después se mudó a Madrid. Hizo varios viajes a Francia y luego a los Estados Unidos, donde en 1916 se casó con Zenobia Camprubí de Aymar.

A partir de 1931, la esposa del poeta sufrirá los primeros síntomas de un cáncer que terminará con su vida. En 1936 se vio obligado a abandonar España al estallar la guerra civil española. En 1946, el poeta permaneció hospitalizado durante ocho meses como resultado de otra crisis depresiva. En 1956, la Academia Sueca le otorgó el Premio Nobel de Literatura en Puerto Rico, donde vivió una gran parte de su vida en el exilio y donde trabajó como profesor en la Universidad. Tres días después, su esposa muere en San Juan. Nunca se recuperó de esta pérdida, y se quedó en Puerto Rico mientras el presidente de la Universidad de Puerto Rico, Jaime Benítez acepta el premio en su nombre. Juan Ramón Jiménez muere dos años después, en la misma clínica donde falleció su esposa. Sus restos fueron transferidos a España.

La crítica a menudo divide su carrera poética en tres etapas: sensibilidad, intelectual, suficiente y verdadera.

La etapa sensible (1898 - 1915) se subdivide a su vez en dos subetapas; el primero incluye hasta 1908; el segundo, hasta 1916. El primero está marcado por la influencia de Bécquer, el simbolismo y el modernismo de formas tenues, la rima asonante, el verso del arte menor y la música íntima. En ella, las descripciones del paisaje predominan como un reflejo del alma del poeta, un paisaje que no es natural ni fruto de paseos como el de Machado, pero sometido al estatismo dc un jardín interior, a la intimidad de un orden. Predominan los sentimientos vacíos, la melancolía, la música y el color desvaído, los recuerdos y las ilusiones amorosas. Es una poesía emocional y sentimental donde la sensibilidad del poeta se transforma a través de una estructura formal perfecta.

Pertenecen a esta etapa *Rimas* (1902), *Arias tristes* (1903), *Jardines lejanos* (1904), y *Elegías* (1907). El segundo período se encuentra en la forma del arte más grande (endecasílabos y alejandrinos), la rima consonante, el estrofismo clásico (sonetos, serventesios); denota una mayor señal modernista, del simbolismo francés (Charles Baudelaire, Paul Verlaine) y la decadencia anglo-francesa (Walter Pater, en esencia). Escribió un libro entre 1910 y 1911, *Libros de amor*, con una poesía carnal y erótica.

Pertenecen a esta etapa: *Soledad* (1911), *Pastoral* (1911), *Platero y yo* (1914) y *Estío* (1916), entre otros. Hacia el final de esta etapa, el poeta comienza a sentir el disgusto de las ropas sensuales del modernismo y las preocupaciones relacionadas con el tiempo y la posesión de una belleza eterna.

Platero y yo, fechado por su autor en 1914, se ha convertido en la obra más popular del poeta, escrita en una prosa que conduce suavemente a los lectores a través de un cuidadoso retablo de imágenes poéticas que conducen desde la presentación de este borriquete.

Estío (1916) supone el cambio hacia la segunda etapa de Juan Ramón. El poeta se aleja del modernismo en busca de una mayor purificación de la palabra. Los ambientes nostálgicos, evocados y soñados desaparecen, a favor de una realidad más concreta. Su primer viaje a América y el contacto con la poesía inglesa (Yeats, William Blake, Emily Dickinson, Mary Shelley) marca profundamente la segunda etapa (1916 - 1936), que se une a la corriente literaria del Novecentismo. Hay un hecho fundamental: el descubrimiento del mar como un motivo trascendente. El mar simboliza la vida, la soledad, la alegría, el tiempo presente eterno. También se inicia una evolución espiritual que le lleva a buscar la trascendencia. En su deseo de salvarse antes de la muerte, se esfuerza por alcanzar la eternidad, y esto solo se puede lograr a través de la belleza y la purificación poética.

Suprime, entonces, toda la musicalidad, los argumentos poéticos, los aparatos externos y ornamentales previos para penetrar en lo profundo, bello, puro, no esencial. Esta vez incluye *Diario de un poeta recién casado* (1916), *Primera antología poética* (1917), *Eternidad* (1918), *Piedra y cielo* (1919), *Poesía* (1917) y *Belleza* (1917-1923).

Con *Diario de un poeta recién casado*, titulado posteriormente (en 1948) *Diario de poeta y mar* (para incluir el segundo apellido de su esposa, Aymar), esta nueva etapa comienza en la obra de Juan Ramón. Es una poesía sin anécdota, sin la "vestimenta del modernismo", una poesía estilizada y refinada, donde el poeta admira todo lo que contempla. Este poemario surge como resultado de su viaje a América. En la *Revista* , Juan Ramón experimenta los temas y las formas, y abre una nueva corriente poética, que será explotada por algunos miembros de la Generación 27.

En *Piedra y cielo* (1919) el tema central es la creación poética: la poesía como actividad, el poema como objeto artístico y el poeta como creador de un nuevo universo. Se abre una nueva línea temática que Juan Ramón ya no abandonará: la búsqueda de la sublimación poética y la intensificación creativa de la poesía pura y esquemática.

La estación total (1923 - 36) recoge los últimos poemas escritos en España. El 22 de agosto de 1936, Juan Ramón marcha al exilio. Esta nueva etapa durará desde 1937 hasta 1958, todas sus obras serán durante su exilio en los Estados Unidos. Juan Ramón continúa replegándose en sí mismo en busca de la belleza y la perfección. Su ansiedad por la trascendencia lo lleva a una cierta mística e identificarse con Dios y la belleza en uno.

Su lenguaje poético se transforma en una especie de idiolecto poblado de múltiples neologismos (*ultratierra, deseante*...). Después de un período de silencio relativo, publicó *Antecedentes animales* (1949), *Tercera antología poética* (1957), *En el otro lado* (1936-42) y *Dios deseado y deseante* (1948 - 49).

En *Animal de fondo* el poeta busca a Dios "*sin descanso ni aburrimiento*". Dios no es una deidad fuera del poeta, sino que es todo ("*Su esencia está en mí, como mi camino en el mundo para mí y que ha creado para ti* "). Ese dios al que se refiere es causa y fin de la belleza.

Dios deseado y deseante (1948 - 49) representa la culminación de *Animal de fondo*. El poeta incluso se identifica con ese dios que él siempre ha buscado. Un dios que existe dentro y fuera de él, un dios que se desea.

Selección de textos

-Fragmentos de Platero y yo, 1914.

"Platero es pequeño, peludo, suave; tan blando por fuera, que se diría todo de algodón, que no lleva huesos. Sólo los espejos de azabache de sus ojos son duros cual dos escarabajos de cristal negro."

Lo dejo suelto, y se va al prado, y acaricia tibiamente con su hocico, rozándolas apenas, las florecillas rosas, celestes y gualdas...

Lo llamo dulcemente: « ¿Platero?» y viene a mí con un trotecillo alegre que parece que se ríe en no sé qué cascabeleo ideal..."

"La noche cae, brumosa ya y morada. Vagas claridades malvas y verdes perduran tras la torre de la iglesia. El camino sube, lleno de sombras, de campanillas, de fragancia de hierba, de canciones, de cansancio y de anhelo."

"Platero parecía, allá en el corral, un burro menos verdadero, diferente y recortado; otro burro..."

"¡Qué tristes y qué pequeñas las calles, las plazas, la torre, los caminos de los montes!"

" La luna viene con nosotros, grande, redonda, pura. En los prados soñolientos se ven, vagamente, no sé qué cabras negras, entre las zarzamoras... Alguien se esconde, tácito, a nuestro pasar..."

"Platero, no sé si con su miedo o con el mío, trota, entra en el arroyo, pisa la luna y la hace pedazos. Es como si un enjambre de claras rosas de cristal se enredara, queriendo retenerlo, a su trote..."

"No, Platero, no. Vente tú conmigo. Yo te enseñaré las flores y las estrellas. Y no se reirán de ti como de un niño torpón, ni te pondrán, cual si fueras lo que ellos llaman un burro, el gorro de los ojos gran-

des ribeteados de añil y almagra, como los de las barcas del río, con dos orejas dobles que las tuyas."

"Alrededor, el campo enlutó su verde, cual si el velo morado del altar mayor lo cobijase. Se vio, blanco, el mar lejano, y algunas estrellas lucieron, pálidas."

"¡Cómo iban trocando blancura por blancura las azoteas! Los que estábamos en ellas nos gritábamos cosas de ingenio mejor o peor, pequeños y oscuros en aquel silencio reducido del eclipse."

"Mirábamos el sol con todo: con los gemelos de teatro, con el anteojo de larga vista, con una botella, con un cristal ahumado; y desde todas partes: desde el mirador, desde la escalera del corral, desde la ventana del granero, desde la cancela del patio, por sus cristales granas y azules..."

"Al ocultarse el sol que, un momento antes todo lo hacía dos, tres, cien veces más grande y mejor con sus complicaciones de luz y oro, todo, sin la transición larga del crepúsculo, lo dejaba solo y pobre, como si hubiera cambiado onzas primero y luego plata por cobre."

-Diario de un poeta recién casado, 1916.

Mientras trabajo en el anillo de oro

puro me abrazas en la sangre

de mi dedo, que luego sigue, en gozo,

contigo, por toda mi carne.

¡Que bienestar! ¡Cómo mis fuertes venas

de ti van, dulces embriagándose,

cual de una miel celeste que tuviera

la luz en los eternos cálices

Mi corazón entero pasa, río

Vehemente y noble, bajo el suave

anillo que, por contenerlo, en círculos

infinitos de amor se abre

-Dios deseado y deseante, 1948

Partimos de Dios
en busca de Dios,
sin saber qué buscamos.

El dios con minúscula,
el dios bajo cielo,
el cielo que es mar,
sobre aire que es cielo,
¡entre aire y marcielo,
y que es pleamar, y que es pleacielo!

El dios deseante,
el dios deseado,
—¡el dios deseado y deseante!—
me trae este Dios,
un dios Dios tan DIOS,
¡un dios: DIOS DIOS DIOS!
... que al cabo de todos los cabos,
que al borde de todos los bordes
un día encontramos.

Cada vez más suelto, y más desasido;
cada vez más libre, más ¡y más! ¡y más!
a una libertad de puertas de Dios.
Y entonces la puerta se abre... y ¡más libertad!

Estoy pasando la cuerda,
cuerda que tú me has tendido,
Dios mío, mi dios, ¡Dios mío!
¡Dios mío, no soples, Dios!

Siento la inminencia del dios Dios,
del Dios con mayúscula,
—el que nos enseñaron cuando niños
y no aprendimos—.
¡Dios se me cierne en apretura de aire!

¡Se me está viniendo Dios
en inminencia de alma!
¡Se me está acercando Dios
en inminencia de amor!
¡Se me está llegando Dios
en inminencia de Dios!

ORTEGA Y GASSET

Nace: 1883 - Muere: 1955

José Ortega y Gasset fue un filósofo y ensayista. Trabajó durante la primera mitad del siglo XX, mientras que España oscilaba entre la monarquía, el republicanismo y la dictadura.

Su filosofía ha sido caracterizada como una "filosofía de la vida" que "comprendía un comienzo largamente oculto en una metafísica pragmatista inspirada por William James, y con un método general de una fenomenología realista imitando a Edmund Husserl, que sirvió tanto a su proto- existencialismo (antes de Martin Heidegger) como a su historicismo realista , que se ha comparado tanto con Wilhelm Dilthey como con Benedetto Croce".

José Ortega y Gasset nació el 9 de mayo de 1883 en Madrid. Su padre era director del periódico *El Imparcial*, que pertenecía a la familia de su madre, Dolores Gasset. La familia era de la burguesía educada y liberal de fin de siglo de España. La tradición liberal y el compromiso periodístico de su familia tuvieron una profunda influencia en el activismo político de Ortega y Gasset. Ortega fue educado por primera vez por los sacerdotes jesuitas de San Estanislao en Miraflores del Palo, Málaga (1891-1897).

Asistió a la Universidad de Deusto, Bilbao (1897-98) y la Facultad de Filosofía y Letras de la Universidad Central de Madrid, ahora Universidad Complutense de Madrid (1898-1904), recibiendo un doctorado en Filosofía. De 1905 a 1907, continuó sus estudios en Alemania en Leipzig, Núremberg, Colonia, Berlín y, sobre todo, en Marburgo. En Marburgo, fue influenciado por el neo-kantianismo de Hermann Cohen y Paul Natorp, entre otros.

A su regreso a España en 1908, fue nombrado profesor de Psicología, Lógica y Ética en la Escuela Superior del Magisterio de Madrid y en octubre de 1910 fue nombrado catedrático de Metafísica en la Universidad Complutense de Madrid vacante previamente en poder de Nicolás Salmerón.

En 1917 se convirtió en un colaborador del periódico *El Sol*, donde publicó, una serie de ensayos, sus dos obras principales: *España invertebrada* y *La rebelión de las masas*. Este último lo hizo internacionalmente famoso. Fundó la *Revista de Occidente* en 1923, permaneciendo como director hasta 1936. Diputado electo por la Provincia de León en la asamblea constituyente de la Segunda República Española, fue líder de un grupo parlamentario de intelectuales conocido como *Agrupación al Servicio de la República* pero pronto abandonó la política, decepcionado. Dejando España al estallar la Guerra Civil, pasó años de exilio en Buenos Aires, Argentina, hasta regresar a Europa en 1942.

Se instaló en Portugal a mediados de 1945 y poco a poco comenzó a hacer pequeñas visitas a España. En 1948 regresó a Madrid, donde fundó el Instituto de Humanidades, en el que dio una conferencia.

Para Ortega y Gasset, la filosofía tiene el deber fundamental de asediar las creencias para promover nuevas ideas y explicar la realidad. Para llevar a cabo tales tareas, el filósofo debe, como propuso Husserl, dejar atrás los prejuicios y las creencias previamente existentes, e investigar la realidad esencial del universo. Ortega y Gasset propone que la filosofía debe superar las limitaciones tanto del idealismo (en el que la realidad se centra en el ego) como del realismo medieval antiguo(en el que la realidad está fuera del sujeto) para enfocarse en la única realidad veraz: "mi vida", la vida de cada individuo. Sugiere que no hay "yo" sin cosas, y las cosas no son nada sin mí: "Yo" (el ser humano) no puede separarse de "mi circunstancia" (mundo). Esto llevó a Ortega y Gasset a pronunciar su famosa máxima "*Yo soy yo y mis circunstancias*" (*Meditaciones del Quijote*, 1914) que siempre colocó en el centro de su filosofía.

Tanto para Ortega y Gasset, como para Husserl, el "cogito ergo sum" (pienso, luego existo) cartesiano es insuficiente para explicar la realidad. Por lo tanto, el filósofo propone un sistema donde la realidad básica o "radical" es "mi vida" (el primer *yo*), que consiste en "yo" (el segundo *yo*) y "mi circunstancia".

Esta *circunstancia* es opresiva; por lo tanto, hay una interacción dialéctica continua entre la persona y sus circunstancias y, como resultado, la vida es un drama que existe entre la necesidad y la libertad.

En este sentido, Ortega y Gasset escribió que la vida es al mismo tiempo el destino y la libertad, y que la libertad "*está siendo libre dentro de un destino determinado. El destino nos proporciona un repertorio inexorable de posibilidades determinadas, es decir, nos da destinos diferentes. Aceptamos el destino y dentro de él elegimos un destino*". En este destino atado debemos, por lo tanto, ser activos, decidir y crear un "proyecto de vida", no ser como aquellos que viven una vida convencional de costumbres y estructuras dadas que prefieren una vida indiferente e imperturbable porque tienen miedo del deber de elegir un proyecto.

Con un sistema filosófico que se centraba en la vida, Ortega y Gasset también abandonó el *cogito ergo sum* de Descartes y afirmó: "Yo vivo, por lo tanto, creo". Esto se situó en la raíz de su perspectivismo inspirado en Kant, que desarrolló al agregar un carácter no relativista en el que la verdad absoluta existe y se obtendría por la suma de todas las perspectivas de todas las vidas, ya que para cada ser humano la vida toma una la forma concreta y la vida misma es una verdadera realidad radical de la que debe derivarse cualquier sistema filosófico. En este sentido, Ortega acuñó los términos "razón vital" para referirse a un nuevo tipo de razón que defiende constantemente la vida de la que surgió y "raciovitalismo", una teoría que basa el conocimiento en la realidad radical de la vida , uno de cuyos componentes esenciales es la razón misma. Este sistema de pensamiento, que introduce en la *Historia como sistema* , escapó del vitalismo de Nietzsche en el que la vida respondía a los impulsos. Para Ortega, la razón es crucial para crear y desarrollar el proyecto de vida.

Para Ortega y Gasset, la razón vital es también la "razón histórica", ya que los individuos y las sociedades no están separados de su pasado. Para comprender una realidad, debemos entender, como señaló Dilthey, su historia. En palabras de Ortega, los humanos no tienen "naturaleza, sino historia" y la razón no debe enfocarse en lo que *es* (estático) sino en lo que se *vuelve* (dinámico).

La influencia de Ortega y Gasset fue considerable, no solo porque muchos simpatizaban con sus escritos filosóficos, sino también porque esos escritos no requerían que el lector estuviera bien versado en la filosofía técnica.

Selección de textos

-*El quehacer del hombre, 1931.*

La vida es quehacer, y la verdad de la vida, es decir, la vida auténtica de cada cual, consistirá en hacer lo que hay que hacer y evitar el hacer cualquiera cosa. Para mí, un hombre vale en la medida que la serie de sus actos sea necesaria y no caprichosa, pero con ello estriba la dificultad del acierto.

Se nos suele presentar como necesario un repertorio de acciones que ya otros han ejecutado y nos llega bajo la aureola de una u otra consagración. Esto nos incita a ser infieles con nuestro auténtico quehacer, que es siempre irreductible al de los demás. La vida verdadera es inexorablemente invención. Tenemos que inventarnos nuestra propia existencia y a la vez este invento no puede ser caprichoso. El vocablo inventar recobra aquí su intención etimológica de hallar. Tenemos que hallar, que descubrir la trayectoria necesaria de nuestra vida, que sólo entonces será la verdaderamente nuestra, y no de otro, o de nadie, como lo es la del frívolo.

¿Cómo se resuelve tan difícil problema? Para mí no ha cabido nunca duda alguna sobre ello. Nos encontramos como un poeta a quien se da un pie forzado. Este pie forzado es la circunstancia. Se vive siempre en una circunstancia única e ineludible, ella es quien nos marca con un ideal perfil lo que hay que hacer. Esto he procurado yo en mi labor. He aceptado la circunstancia de mi nación y de mi tiempo.

España padecía y padece un déficit de orden intelectual. Había perdido la destreza en el manejo de los conceptos, que son, ni más ni menos, los instrumentos con que andamos entre las cosas.

Era preciso enseñarla a enfrontarse con la realidad y trasmutar ésta en pensamiento con la menor pérdida posible. Se trata, pues, de algo más amplio que la Ciencia. La Ciencia es sólo una manifestación entre muchas de la capacidad humana para reaccionar intelectualmente ante lo real.

Ahora bien, este ensayo de aprendizaje intelectual había que hacerlo allí donde estaba el español: en la charla amistosa, en el periódico, en la conferencia. Y era preciso atraerle hacia la exactitud de la idea con la gracia del giro. En España para persuadir es menester antes seducir.

-La rebelión de las masas, 1929.

Cualquiera puede darse cuenta de que en Europa, desde hace años, han empezado a pasar "cosas raras". Por dar algún ejemplo concreto de estas cosas raras nombraré ciertos movimientos políticos, como el sindicalismo y el fascismo. No se diga que parecen raros simplemente porque son nuevos. El entusiasmo por la innovación es de tal modo ingénito en el europeo, que le ha llevado a producir la historia más inquieta de cuantas se conocen. No se atribuya, pues, lo que estos nuevos hechos tienen de raro a lo que tienen de nuevo, sino a la extrañísima vitola de estas novedades. Bajo las especies de sindicalismo y fascismo aparece por primera vez en Europa un tipo de hombre que no quiere dar razones ni quiere tener razón, sino que, sencillamente se muestra resuelto a imponer sus opiniones. He aquí lo nuevo: el derecho a no tener razón, la razón de la sinrazón. Yo veo en ello la manifestación más palpable del nuevo modo de ser de las masas, por haberse resuelto a dirigir la sociedad sin capacidad para ello. En su conducta política se revela la estructura del alma nueva de la manera más cruda y contundente, pero la clave está en el hermetismo intelectual. El hombre-medio se encuentra con "ideas" dentro de sí, pero carece de la función de idear. Ni sospecha siquiera cuál es el elemento sutilísimo en que las ideas viven. Quieren opinar, pero no quieren aceptar las condiciones y supuestos de todo opinar. De aquí que sus ideas no sean efectivamente sino apetitos con palabras, como las romanzas musicales.

Tener una idea es creer que se poseen las razones de ella, y es, por tanto, creer que existe una razón, un orbe de verdades inteligibles. Idear, opinar, es una misma cosa con apelar a tal instancia, supeditarse a ella, aceptar su Código y su sentencia, creer, por tanto que la forma superior de la convivencia es el diálogo en que se discuten las razones de nuestras ideas. Pero el hombre-masa se sentiría perdido si aceptase la discusión, e instintivamente repudia la obligación de acatar esa instancia suprema que se halla fuera de él. Por eso, lo "nuevo" es en Europa "acabar con las discusiones", y se detesta toda forma de convivencia bárbara. Se suprimen todos los trámites normales y se va directamente a la imposición de lo que se desea. El hermetismo del alma, que, como hemos visto antes, empuja a la masa para que intervenga en toda la vida pública, la lleva también, inexorablemente, a un procedimiento único de intervención: la acción directa.

El día en que se reconstruya la génesis de nuestro tiempo, se advertirá que las primeras notas de su peculiar melodía sonaron en aquellos grupos sindicalistas y realistas franceses de hacia 1900, inventores de la manera y la palabra "acción directa". Perpetuamente el hombre ha acudido a la violencia: unas veces este recurso era simplemente un crimen, y no nos interesa. Pero otras era la violencia el medio a que recurría el que había agotado ante todos los demás para defender la razón y la justicia que creía tener. Será muy lamentable que la condición humana lleve una y otra vez a esta forma de violencia, pero es innegable que ella significa el mayor homenaje a la razón y la justicia. Como que no es tal violencia otra cosa que la razón exasperada. La fuerza era, en efecto, la ultima ratio. Un poco estúpidamente ha solido entenderse con ironía la expresión, que declara muy bien el previo rendimiento de la fuerza a las normas racionales. La civilización no es otra cosa que el ensayo de reducir la fuerza a ultima ratio. Ahora empezamos a ver esto con sobrada claridad, porque la "acción directa" consiste en invertir el orden y proclamar la violencia como prima ratio; en rigor, como única razón. Es ella la norma que propone la anulación de toda norma, que suprime todo intermedio entre nuestro propósito y su imposición. Es la Carta Magna de la barbarie.

-Fragmentos de Meditaciones del Quijote, 1914.

"Cuando hemos llegado hasta los barrios bajos del pesimismo y no hallamos nada en el universo que nos parezca una afirmación capaz de salvarnos, se vuelven los ojos hacia las menudas cosas del vivir cotidiano - como los moribundos recuerdan al punto de la muerte toda suerte de nimiedades que les acaecieron-.

Vemos, entonces que no son las grandes cosas, los grandes placeres ni las grandes ambiciones que nos retienen sobre el haz de la vida, sino este minuto de bienestar junto a un hogar en invierno, esta grata sensación de una copa de licor que bebemos, aquella manera de pisar el suelo, cuando camina, de una moza gentil, que no amamos ni conocemos, tal ingeniosidad que el amigo ingenioso nos dice con su buena voz de costumbre.

Me parece muy humano el suceso de quien, desesperado, fue a ahorcarse a un árbol, y cuando se echaba la cuerda al cuello, sintió el aroma de una rosa que abría al pie del tronco, y no se ahorcó."

"Existen hombres decididos a no contentarse con la realidad. Aspiran los tales que las cosas lleven un curso distinto: se niegan a repetir los gestos que la costumbre, la tradición, y en resumen, los instintos biológicos les fuerzan a hacer.

Estos hombres llamamos héroes. Porque ser héroe consiste en ser uno, uno mismo. Si nos resistimos a que la herencia, a que lo circunstante nos impongan unas acciones determinadas, es que buscamos asentar en nosotros, y sólo en nosotros, el origen de nuestros actos.

Cuando el héroe quiere, no son los antepasados en él o los usos del presente quienes quieren, sino él mismo. Y este querer ser él mismo es la heroicidad. No creo que exista especie de originalidad más profunda que esta originalidad 'práctica', activa del héroe. Su vida es una perpetua resistencia a lo habitual y consueto. Cada movimiento que hace ha necesitado primero vencer a la costumbre e inventar una nueva manera de gesto. Una vida así es un perenne dolor, un constante desgarrarse de aquella parte de sí mismo rendida al hábito, prisionera de la materia".

"Yo soy yo y mi circunstancia y si no la salvo a ella no me salvo yo"

ZUBIRI

Nace: 1898 - Muere: 1983

Xavier Zubiri nació en San Sebastián (Donosti), en el año 1898. Tras estudiar en el Colegio de Santa María de esa ciudad (1905-1915), el joven Zubiri inicia sus estudios de filosofía y teología en el Seminario de Madrid. En esa ciudad reside como estudiante externo, en una pensión, y allí recibe las primeras influencias decisivas para su formación como filósofo.

Especialmente importante es el encuentro con José Ortega y Gasset, a comienzos del año 1919. Ortega introduce a Zubiri en las principales corrientes del pensamiento europeo, y especialmente en la fenomenología de Husserl, un punto de referencia capital para entender la evolución posterior del pensamiento de Zubiri. Ortega había señalado que con Husserl se iniciaba en la historia de la filosofía una tercera metáfora, más allá de la metáfora antigua del ser humano como trozo del universo, pero más allá también de la idea moderna de la conciencia como continente del mundo entero. Husserl pretende una vuelta, más allá de las grandes teorías metafísicas antiguas y modernas, a las cosas mismas, para obtener desde ellas los elementos de una filosofía libre de presupuestos no justificados. El análisis husserliano de la conciencia muestra la constitutiva referencia del polo noético de la misma a su polo noemático, del sujeto al objeto. Esta intencionalidad de la conciencia impide su sustantivación, y abre a los ojos de Ortega, y también del joven Zubiri, la posibilidad de un nuevo horizonte para el filosofar.

Entre los años 1920 y 1921 Zubiri estudia filosofía en el Instituto Superior de Filosofía de la Universidad Católica de Lovaina. Durante el mes de noviembre del año 1920 se traslada brevemente a Roma, donde obtiene su doctorado en teología. En Lovaina Zubiri se encuentra con profesores como L. Noël, interesados en aprovechar todas las posibilidades del pensamiento de Edmund Husserl. La filosofía de Husserl, que en aquél momento está transformando el panorama filosófico europeo, es el objeto de la memoria de licenciatura que Zubiri presenta en febrero del año 1921 en Lovaina, y que se tituló *Le problème de le objectivité d'après Ed. Husserl. I: La logique pure*. El 21 de mayo de ese mismo año, Zubiri presenta en la Universidad Central de Madrid su tesis doctoral de filosofía, dirigida por Ortega, y titulada *Ensayo de una teoría fenomenológica del juicio*. Esta tesis, publicada con algunos cambios en el año 1923, constituye la primera obra sobre Husserl en lengua no alemana, y en ella Zubiri va tomando una posición personal dentro del movimiento fenomenológico, que podría llamarse "objetivista". Por otra parte, en el mismo año 1921 Zubiri fue ordenado sacerdote en Pamplona.

En el año 1926 Zubiri gana por oposición la cátedra de Historia de la Filosofía de la Facultad de Filosofía y Letras en la Universidad Central de Madrid. Un magnífico grupo de pensadores, dispersados después por la guerra civil, comparten en aquellos años las aulas con Zubiri: Ortega y Gasset, Adolfo Bonilla San Martín, Manuel B. Cossío, Julián Besteiro y Manuel García Morent. En el año 1929 Zubiri se traslada a Friburgo de Brisgovia, con el objeto de ampliar sus estudios, y allí sigue cursos con Husserl y con Martin Heidegger.

La reciente publicación de *Sein und Zeit* había convertido a Heidegger en el continuador y radicalizador de la fenomenología de Husserl. La conciencia de Husserl era desfondada, mostrando que la constitutiva imbricación entre el ser humano y el mundo se da ya en la misma "ex-sistencia". El existente humano, enfrentado a la nihilidad y a la muerte, comprende que las cosas son, pero podrían no ser, y así se le desvela el ser de las cosas. Esta desvelación descubre ciertamente el ser de las cosas (y no el propio ser), pero solamente tiene lugar en el existente humano, quien por ello consiste en ser el "ahí del ser", el Dasein.

Zubiri asume de un modo entusiasta esta radicalización de la fenomenología, pero al mismo tiempo permanece crítico ante las ideas de Heidegger, como tuvo ocasión de manifestárselo al filósofo alemán en alguna ocasión. La pregunta heideggeriana por el ser a partir de la nada refleja, para Zubiri, la pervivencia de ideas filosóficas de origen teológico que han caracterizado a toda la modernidad. Más allá del ser, dirá Zubiri, está la realidad aprehendida en el contacto inmediato con las cosas.

Posiblemente estos intereses coinciden con algunos de sus estudios de aquellos años. En 1930 Zubiri se encuentra en Berlín, donde conoce, entre otros, a Einstein, Schrödinger, Zermelo, y Jaeger. Gran parte de sus esfuerzos en estos años están dedicados a estudiar los nuevos avances en la física, y a sus consecuencias para la filosofía. La nueva física de Einstein y de Plank está revolucionando el panorama del conocimento. Las teorías especial y general de la relatividad cuestionan la imagen clásica del espacio y del tiempo, que ahora aparecen vinculados directamente a la masa y al movimiento. Pero la idea misma de materia se transforma definitamente al aparecer la nueva mecánica cuántica. La evolución filosófica de Zubiri no permanece ajena a estos cambios, sino que pretende integrarlos en su pensamiento. De hecho, Zubiri pensaba que estos cambios en el mundo científico, paralelos a otros que por aquél entonces sucedían en el mundo del arte y en toda la cultura, necesitan un instrumental filosófico completamente nuevo, el cual solamente podrá alcanzarse si los descubrimientos de Husserl y Heidegger son llevados a un nuevo nivel filosófico.

En el año 1931, Zubiri se reincorpora a su cátedra en Madrid. Son años agitados en la política nacional, a partir de la proclamación, en abril de ese año, de la Segunda República española. En estos años Zubiri elabora algunos de los trabajos más decisivos para entender su trayectoria filosófica posterior. Como catedrático de historia de la filosofía, Zubiri puede emprender una revisión de la historia del pensamiento occidental, para problematizar en ella algunos de sus supuestos más inveterados. Los grandes conceptos de la filosofía occidental, como la sustancia, el ser o el *lógos*, comienzan a ser cuestionados. A partir del año 1935 Zubiri se encuentra en Roma, adonde se traslada para obtener la secularización. En marzo de 1936 contrae matrimonio en Roma con Carmen Castro Madinaveitia, hija de Américo Castro. La estancia en Roma la aprovecha Zubiri para realizar estudios de lenguas orientales, especialmente con el P. Deimel, del Pontificio Instituto Bíblico. Al estallar la guerra civil, la permanencia del matrimonio en la Italia fascista va haciéndose más difícil; nuevo traslado, esta vez a París, donde Zubiri imparte algunos cursos en el *Institut Catholique*, y estudia lingüística con Benveniste. Allí permanece hasta el final de la guerra civil española y el comienzo de la guerra mundial, con la consiguiente invasión de Francia por las tropas nazis.

El regreso a España no le resulta fácil al matrimonio Zubiri. A pesar de que Zubiri recibe su cátedra, el obispo de Madrid fuerza su alejamiento de la ciudad. Zubiri acepta la posibilidad que se le ofrece de emprender la docencia en Barcelona. Sin embargo, pronto comprueba la imposibilidad de ejercer libremente el pensamiento en el ambiente universitario de aquella época, y en el año 1942 solicita una excedencia administrativa, que significa de hecho su alejamiento definitivo de la universidad. Regresa a Madrid, donde imparte cursos privados. Poco después, en 1944, se publica la primera edición de *Naturaleza, Historia, Dios,* una de las obras más influyentes en la filosofía española del siglo XX. En el año 1946 realiza un breve viaje a los Estados Unidos, donde imparte una conferencia en la universidad de Princeton sobre *Lo real en matemáticas*. En el año 1947, y patrocinada por el Banco

Urquijo, se funda en Madrid la Sociedad de Estudios y Publicaciones, presidida por Zubiri. Esta sociedad se convierte en el nuevo foro intelectual en el que Zubiri podrá exponer y discutir su pensamiento con un grupo creciente de discípulos, entre los que cabe mencionar a intelectuales como Pedro Laín Entralgo o José López Aranguren.

La publicación de un *Homenaje a Xavier Zubiri* en el año 1953 señala el comienzo de un reconocimiento público. Sin embargo, su pensamiento filosófico permanece desconocido fuera de un ámbito muy restringido. Durante años, Zubiri apenas publica. Sin embargo, sus cursos orales reflejan la creciente maduración, desde el año 1944, de una filosofía propia, que hunde sus raíces en lo que Zubiri llama la impresión de realidad. Esta impresión de realidad, que expresa la radicalización zubiriana de la "comprensión del ser" de Heidegger, le sirve a Zubiri para ir delineando su alternativa a los grandes conceptos filosóficos clásicos. La filosofía clásica, piensa Zubiri, ha "sustantivado" y "entificado" la realidad, al tiempo que consecuentemente "logificaba" la intelección. Ahora Zubiri propone, frente al *lógos* antiguo y moderno, la inteligencia sentiente; frente a la sustancia antigua y el sujeto moderno, una nueva idea de la realidad como estructura sustantiva, de la que surge una nueva visión no subjetual de la persona humana. Toda esta nueva propuesta filosófica alcanza su primera expresión en un difícil libro: *Sobre la esencia*, publicado en el año 1962. Más asequible al gran público, y de enorme popularidad entre los estudiantes de filosofía, fue el siguiente libro de Zubiri, sus *Cinco lecciones de filosofía*, en las que sin embargo Zubiri se abstiene de presentar su propio pensamiento. En el año 1970 dos gruesos volúmenes recogen un segundo *Homenaje a Xavier Zubiri*, en el que se da cita una gran parte de la intelectualidad española del momento.

Dentro de la Sociedad de Estudios y Publicaciones se crea, en el año 1971, el Seminario Xavier Zubiri. En este Seminario, Zubiri tuvo la oportunidad de discutir su pensamiento con sus discípulos más cercanos, quienes asisten también a la matización y a la evolución ulterior de sus ideas. En este tiempo, Zubiri comienza a estudiar sistemáticamente la inteligencia humana, preparando su obra cumbre. Pero otros muchos temas ocupan también su interés: la antropología filosófica; los problemas del espacio, del tiempo, y de la materia; la estructura dinámica de la realidad. Y también la filosofía de la religión y la teología, temas sobre los que ofrece un curso en la Universidad Gregoriana de Roma, en el año 1973.

En el año siguiente, el Seminario Xavier Zubiri inicia la publicación de *Realitas*, de la que aparecerán tres gruesos tomos en los que los trabajos de Zubiri y sus discíulos van conociendo la luz pública. Y la figura de Zubiri comienza a gozar de algunos importantes reconocimientos públicos. En el año 1979 la República Federal de Alemania le concede la Gran Cruz al Mérito (*Das Grosse Verdienst Kreuz*), y en el año 1980 recibe el doctorado *honoris causa* en la Universidad de Deusto (Bilbao). En el año 1982 Zubiri recibe, junto con Severo Ochoa, el premio Ramón y Cajal a la investigación.

Ahora bien, la gran novedad filosófica la representa la publicación, en el año 1980, del primer volumen de su obra definitiva: *la Inteligencia sentiente*. Al primer volumen, *Inteligencia y realidad*, le siguen *Inteligencia y logos (1982)* e *Inteligencia y razón (1983)*. En esta trilogía Zubiri no sólo aclara muchas dudas abiertas en *Sobre la esencia*, sino que posibilita una comprensión sistemática de su pensamiento desde su filosofía más madura. A partir de la Inteligencia sentiente, todas las preguntas sobre el presunto "realismo ingenuo" de Zubiri quedan definitivamente resueltas. La realidad es la formalidad de las cosas en la aprehensión, y no una zona de cosas "allende" la misma. Desde este punto de vista, Zubiri puede afirmar, contra toda la filosofía moderna, que los colores son perfectamente reales, porque se actualizan en nuestra aprehensión visual como algo que es "de suyo" independiente de nuestra aprehensión. Ahora bien, esto no decide nada sobre lo que los colores sean allende la aprehensión. Esto es precisamente lo que la razón tiene que investigar. Y es que la formalidad de realidad constituye el punto de partida de la pregunta por la realidad profunda de las cosas. No se trata de un salto ni de un puente, sino de una profundización en la realidad. Por eso mismo, Zubiri puede afirmar que la ciencia no es una simple acumulación de conceptos construidos para manejar las cosas. La ciencia es mucho más: es un ingente esfuerzo de profundización en la realidad ya actualizada en la aprehensión. Sin embargo, la obra de Zubiri sobre la inteligencia no pretende ser una filosofía de la ciencia, sino un análisis de la intelección humana en todas sus formas, desde las científicas hasta las artístísticas, desde las más elaboradas hasta las más cotidianas y banales.

En el año 1983, con las fuerzas mermadas por la enfermedad, Zubiri comienza la preparación de un nuevo libro, *El hombre y Dios*, que ya no podrá terminar. El 21 de septiembre fallece en Madrid. Sus discípulos, agrupados en el Seminario Xavier Zubiri y, después, en la Fundación Xavier Zubiri, inician la publicación de sus obras. La primera de ellas es *El hombre y Dios* (1984), publicada por Ignacio Ellacuría, uno de sus más estrechos colaboradores. A esta obra le siguen otras muchas, que poco a poco van posibilitando el acceso del público a una obra que permanecía en buena medida solamente accesible a sus discípulos más cercanos. Así se publican *Sobre el hombre* (1986), *Estructura dinámica de la realidad* (1989), *Sobre el sentimiento y la volición* (1992), *El problema filosófico de la historia de las religiones* (1993), *Espacio, tiempo, materia*(1996), *El problema teologal del hombre: cristianismo* (1997), *El hombre y la verdad* (1999). En el año 2000 se publicaron los Primeros Escritos (1921-1926), en el año 2001 Sobre la realidad, y en el año 2002 *Sobre el problema de la filosofía y otros escritos (1932-1944)*. Aunque aún restan algunas obras por ver la luz, hoy ya es posible conocer el pensamiento filosófico de Xavier Zubiri y aprovechar todas sus posibilidades para una vida intelectual -como diría Zubiri- "a la altura de los tiempos".

Selección de textos

-Notas sobre la inteligencia humana

Con su inteligencia, el hombre sabe, o cuando menos intenta saber, lo que son las cosas reales. Estas cosas están "dadas" por los sentidos. Pero los sentidos, se nos dice, no nos muestran lo que son las cosas reales. Este es el problema que ha de resolver la inteligencia y sólo la inteligencia. Los sentidos no hacen sino suministrar los "datos" de que la inteligencia se sirve para resolver el problema de conocer lo real. Lo sentido es siempre y sólo el conjunto de "datos" para un problema intelectivo. Es la concepción de todos los racionalismos de una u otra especie, por ejemplo, de Cohen:

Lo sensible es un mero "dato".

Que esto sea verdad en lo concerniente a un conocimiento estricto y riguroso, es algo innegable. Pero aquí se trata de lo que constituye la índole propia de lo sensible tomado en sí mismo. Y situada así la cuestión nos preguntamos: ¿está ausente de lo sensible el momento de realidad? Porque lo primero en que se piensa, y con razón, es en que si los datos sensibles no poseyeran el momento de realidad ¿de dónde se lo iba a sacar la inteligencia?

Tendríamos con la inteligencia "ideas". Pero jamás la realidad. Y es que el vocablo y el concepto de "dato" es manejado en esta concepción con una singular imprecisión. Por un lado, "dato" significa dato para un problema. Es lo que se nos acaba de decir. Pero esto, con ser verdad, no es la verdad primaria. Porque —es el otro sentido de la palabra "dato"— un dato sensible no es primariamente dato para un problema, sino dato de la realidad. Y al amparo del primer sentido, se nos quiere hacer olvidar el segundo que es el primario y radical. La función de lo sensible no es plantear un problema a la inteligencia, sino ser la primaria vía de acceso a la realidad. La concepción anterior es una gigantesca preterición de la sensibilidad en el problema filosófico del enfrentamiento del hombre con las cosas reales. Lo sentido es dato de la realidad. Y entonces se plantea inexorablemente la cuestión de en qué consiste el carácter de estos datos, esto es, cuál es la estructura esencial de la sensibilidad humana.

-Inteligencia y razón

Añadamos finalmente que profundidad no es sinónimo de ultimidad. Todo lo último es naturalmente profundo, pero no todo lo profundo es último. La profundidad tiene grados; y esta gradación va hasta el infinito. La profundidad tiene hondura insoldable. Conocer algo en profundidad no es conocerlo ya en su realidad última. Más aún, la intelección en profundidad es un hecho; pero el acceso a la ultimidad es constitutivamente un problema siempre abierto hasta el infinito. Por esto es por lo que intelección en profundidad no es sinónimo de intelección absoluta.

-Respectividad de lo real

Porque este concepto de realidad como un "de suyo" está tomado de la intelección sentiente, por esto es por lo que siempre me he apartado de las ideas de realidad que han circulado en la filosofía clásica. Dejo de lado en este momento el que en esta filosofía no se hable de realidad, sino de 'ser', del esse. Ser sería lo que todos entendemos en las cosa real al inteligir que esta cosa 'es'. Y realidad sería entonces un modo de ser. Los medievales entendieron por esto que realidad es entidad, es esse reale. Y han concebido de un lado que el ser, el esse, es un actus existendi, un acto de existir; es la idea que culmina en el tomismo. De otro lado, se ha concebido el esse como quid essentiae, como aquello que la cosa es; es la idea que culmina en Duns Escoto. En la filosofía moderna se ha considerado la realidad como modo no de una entidad, sino de un objeto: es la objetualidad. Para Descartes, lo inteligible es realitas objectiva. Para Kant el ser, y por tanto la realidad, sería 'posición' de un objeto. Para Hegel, concepto absoluto. Para Husserl, unidad de sentido intencional, objetualidad intencional. Realidad sería un modo de entidad comprehendido por la comprehensión de ser en Heidegger. En sus forma más diversas, realidad sería siempre un modo de ser. Pues bien, todos estos conceptos son vías que sigue la inteligencia considerada sólo en su función de concebir y de juzgar, esto, son vías de una inteligencia concipiente.

-El hombre y Dios

Ante todo, realidad es formalidad del 'de suyo'. Por tanto, en primer lugar, realidad no es mera independencia objetiva. La independencia propia de la inteligencia sentiente no es una independencia objetiva sino una independencia real. En segundo lugar, tampoco es existencia. Ciertamente nada real es inexistente, pero no es real porque es existente, sino porque esa existencia le compete 'de suyo'. Si lo aprehendido tuviera existencia y no la tuviera 'de suyo', no sería realidad sino espectro. Lo mismo debe decirse de sus notas: no son reales sino constituyendo un sistema 'de'. Una ficción no es un sistema de notas sin existencia, sino que lo fingido no solamente no tiene existencia, sino que tampoco tiene esencia físicaa. El sistema es real no sólo por sus notas y por su existencia, porque tanto aquéllas como ésta pertenecen al contenido de la cosa aprehendida. En cambio el momento de realidad está constituido por la formalidad de alteridad del 'de suyo'. Realidad es formalidad de alteridad y formalidad del 'de suyo'. Mucho menos aún es algo que esté allende lo sentido. Ciertamente hay infinitas cosas allende lo sentido, pero estamos llevados a admitirlas, estamos llevados a ellas, por intelección sentiente de lo que es aprehendido 'de suyo'. Sus notas son por esto reales, pero esto no significa que sean reales 'fuera' de la percepción. Realidad no es sino puro 'de suyo', no es una zona de cosas. Por esto la división de cosas allende y aquende la percepción se funda en la impresión sentiente de realidad y no al revés.

-Inteligencia sentiente.

Por un lado, las notas reales tienen por razón de su contenido una gran especificidad. En cambio, la formalidad de realidad es formalmente no sólo inespecífica, sino que es constitutivamente transcendental. Pues bien, su contenido en cuanto aprehendido como algo 'de suyo' ya no es mero contenido, sino que es 'tal' realidad. Es lo que llamo talidad. Talidad no es mero contenido. El perro aprehende estimúlicamente los mismos estímulos que el hombre, pero no aprehende talidad. Talidad es formalidad. Y, por tanto, precisamente por estar respectivamente abierta a su contenido envuelve transcendentalmente este contenido. Al envolverlo, queda éste determinado como talidad: es la talidad de lo real. Talidad es una determinación transcendental: es la función talificante.

Por otro lado, el contenido mismo es aquello que constituye el que la formalidad de realidad sea 'realidad' en toda su concreción. Lo real no es solamente "tal" realidad sino también 'realidad' tal. El contenido es la determinación de la realidad misma. Es la función transcendental. Envuelve también el contenido, y no sólo de un modo abstracto, sino haciendo de él una forma y un modo de realidad. Realidad no es algo huero, sino una formalidad muy concretamente determinada. Hay no sólo muchas cosas reales, sino también muchas formas de ser real. (...) Entonces es claro que la transcendentalidad no reposa conceptivamente sobre sí misma, sino que pende del contenido de las cosas. Transcendentalidad no es algo a priori. Pero tampoco es algo a posteriori. Es decir, no es una especie de propiedad que las cosas tienen. La transcendentalidad no es ni a priori ni a posteriori: es algo fundado por las cosas en la formalidad en que éstas 'quedan'. Es el contenido de las cosas reales lo que determina su carácter transcendental: es el modo que en que las cosas 'quedan'. No es propiedad sino función: función transcendental.

Función talificante y función trascendental no son dos funciones sino dos momentos constitutivos de la unidad de la impresión de realidad. Por esto la diferencia entre talidad y transcendentalidad no es formalmente idéntica a la diferencia entre contenido y realidad, porque tanto la talidad como la realidad envuelven cada una los dos momentos de contenido y formalidad. El contenido envuelve el momento de realidad de una manera muy precisa: talificándolo.

A su vez la realidad envuelve el contenido de un modo también sumamente preciso. No es que el contenido sea un simple caso particular de realidad, sino que la realidad envuelve el contenido de una manera precisa: transcendiéndolo.

La transcendentalidad no podría darse sin aquello de lo que es transcendental. Talificación y transcendentalización son los dos aspectos inseparables de lo real. Constituyen la unidad estructural de la impresión de realidad.

ZAMBRANO

Nace: 1904 - Muere: 1991

María Zambrano nació el 22 de abril de 1904 en Vélez-Málaga (Málaga). Era hija de Blas José Zambrano y Araceli Alarcón, ambos maestros en la escuela secundaria de Vélez-Málaga, además de destacados defensores de la izquierda socialista. En 1908 la familia se trasladó a Madrid, donde María comenzó a asistir a la escuela primaria cerca de la Plaza de Oriente, pero en 1909 marcharon a Segovia, donde su padre había ganado una cátedra en la Escuela Normal de Magisterio. Fue presidente de la Agrupación Socialista Obrera y entabló una fuerte amistad con Antonio Machado, con quien colaboró en la fundación de la Universidad Popular.

En 1911 nació su hermana Araceli. En 1921 volvió a Madrid para estudiar Filosofía como alumna libre en la Universidad Central de Madrid, en esa época empezó a relacionarse con los grandes escritores y pensadores como León Felipe, a quien conoció en Segovia, y Federico García Lorca o Rosa Chacel en Madrid. En esa época del despertar emocional de la autora un hecho la marcó para siempre: durante el verano, don Blas Zambrano prohibió por incestuosos los amores entre Manuel Pizarro y María. En 1924 se produjo el definitivo traslado familiar a Madrid, donde Zambrano culminó su licenciatura en Filosofía, algo insólito en esa época para una mujer. Asistió y fue discípula adelantada de Ortega y Gasset. Formó parte de la tertulia de la Revista de Occidente y asumió un papel de mediadora entre Ortega y escritores más jóvenes como Sánchez Barbudo y Maravall.

Participó en las actividades de la Federación Universitaria Española (FUE) y empezó a impartir clases de Filosofía a alumnos de bachillerato en el Instituto Escuela. Participó también en diversos actos públicos de propaganda de la Liga de Educación Social (LES), pero en 1928 se le diagnosticó tuberculosis. Tras una época de reposo obligado, Zambrano salió de nuevo a la calle para la lucha contra la Dictadura de Primo de Rivera. En otoño comenzó la redacción de su primer libro, Horizontes del liberalismo, publicado en 1930, y que obtuvo excelentes críticas. En 1931 siguió con sus actividades de apoyo a la república y fue nombrada profesora auxiliar de Metafísica en la Universidad Central de Madrid. Comenzó su tesis doctoral. En esa época entró en contacto con la tertulia «Pombo», en torno a Gómez de la Serna y frecuentó a la artista Maruja Mallo, con quien visitó a Valle-Inclán en La Granja del Henar. Colaboró en Hoja literaria, revista que más tarde dará lugar a Hora de España.

Ya en 1934 su pensamiento se fue diferenciando del de su maestro Ortega a partir de la publicación de Hacia un saber sobre el alma. María Zambrano fue una de las pocas mujeres que, junto a Rosa Chacel, Maruja Mallo y María Teresa León, figuraron en los círculos intelectuales masculinos con voz propia. Con el alzamiento contra la República María continuó luchando sin descanso y participó en mítines a favor del Frente Popular y el 18 de julio se sumó al Manifiesto fundacional de la Alianza de Intelectuales para la Defensa de la Cultura (AIDC), en el que figuraban otros allegados como Luis Cernuda, Manuel Altolaguirre, Concha Albornoz, Rosa Chacel y Timoteo Pérez Rubio, aunque se vio inmersa en numerosos problemas con los aliancistas ya que se la denunció como fascista por haber participado en el FE. En septiembre contrajo matrimonio con Alfonso Rodríguez Aldave en el juzgado del distrito de La Latina y como su marido fue nombrado secretario de la Embajada Española en Chile, salieron para ese país a mediados de octubre.

En Santiago, colaboró con la causa republicana. En 1937 regresaron a España y su marido se incorporó al frente mientras ella se instaló en Valencia y se integró en Hora de España, donde pasó a ser jefa de redacción. Participa en el II Congreso Internacional de Escritores para la Defensa de la República, celebrado en Valencia del 4 al 17 de julio y allí conoció a Octavio Paz, Juan Marinello, Nicolás Guillén, Alejo Carpentier y César Vallejo, quien le impresionó vivamente. En el mismo congreso, se encontró con Simone Weil, vestida de miliciana, y entabló una fuerte amistad con Emilio Prados. Poco después se instaló en Barcelona. El 29 de octubre murió en Barcelona su padre. Blas Zambrano, a quien Antonio Machado dedicó uno de sus más hermosos artículos, de su Mairena póstumo, en el número XXIII de Hora de España. El 25 de enero salió con su madre y su hermana hacia el exilio a través de Francia, en el camino encontraron a Machado.

Y en Le Perthus pudo reencontrarse con su marido y se dirigieron a París para partir hacia México. En la Casa de España, hoy Colegio de México, pronunció tres conferencias sobre «*Pensamiento y poesía en la vida española*», que fascinaron a los asistentes, y de las que se hizo eco Octavio Paz en el número cuatro de la revista Taller. En la Universidad Michoacana, en Morelia, impartió clases de Historia de la Filosofía. Durante su estancia en esa ciudad publica *Nietzsche o la soledad enamorada* y *San Juan de la Cruz (De la noche obscura a la más clara mística).* Finalizó el libro Filosofía y poesía. José Lezama Lima la invitó a visitar Cuba en 1940, en La Habana impartió clases en la Universidad y en el Instituto de Altos Estudios e Investigaciones Científicas. En 1943 se trasladó a vivir a Puerto Rico, donde trabajó como profesora de Filosofía en la Universidad de Río Piedras hasta 1945.

En 1944 publicó «*La destrucción de las formas*», un preludio de lo que para ella sería la «razón poética», expresión que constituyó para Zambrano el motivo principal de su escritura. En 1947 regresó a Cuba pero para viajar al cabo de poco a Nueva York y desde allí a Francia donde su madre acababa de fallecer y su hermana se encontraba muy debilitada por el acoso que había sufrido por parte de la Gestapo. Se quedó en París y se relacionó con la intelectualidad francesa. En 1948 viajó a La Habana y se separó de su marido. En 1949 se estableció con su hermana en Ciudad de México. En la década de los cincuenta volvió a Cuba, fueron años de maduración de su pensamiento en los que subsistía gracias a cursos, seminarios, conferencias e incluso clases particulares. En 1953 se instalaron en Roma. En esta etapa, los motivos históricos, éticos y políticos se entrecruzaron de forma renovada con los casi místicos vuelos que fue tomando el pensamiento de la intelectual. Dejaron Roma en 1964 y se refugiaron en una casa en las montañas del Jura, en los Alpes franco-suizos. En estos años el nombre de Zambrano comenzó a escucharse en España cada vez con más intensidad, debido sobre todo a las publicaciones de diversos profesores, entre ellos José Luis Aranguren, quien publicó en Revista de Occidente «*Los sueños de María Zambrano*» y José Ángel Valente.

Araceli murió en la clínica de Belair, donde había sido internada en 1971. En 1973 vivió casi todo el año en Roma en un bello ático de la Piazza del Fiori, gracias al apoyo de Timothy Osborne, a quien consideraba su «hermano». En esta época escribe «*La máscara de Agamenón*» y «*El vaso de Atenas*», testimonios de su viaje a Grecia.

A partir de 1977 empezó a deteriorarse su visión, y apenas podía leer y escribir. En 1980 se instaló en Ginebra y fue nombrada hija adoptiva del Principado de Asturias, primer reconocimiento oficial de su trayectoria en España. Por primera vez desde 1939, se escuchó en Madrid la voz de Zambrano leyendo algunos textos de Claros del bosque, en una conferencia impartida por el poeta J. Á Valente, quien había traído una grabación desde Ginebra. En 1981 se le concedió el Premio Príncipe de Asturias de Humanidades y el ayuntamiento de Vélez-Málaga la nombró hija predilecta. En la Universidad de Málaga salió a la luz el libro María 180 Zambrano o la metafísica recuperada, coordinado por López Aranguren, Valente, Alain Guy, Doblas Bravo y Gimferrer. La junta de gobierno de esta universidad la nombró doctora honoris causa. En 1984 regresó a España tras ser operada de cataratas en la clínica ginebrina de Beaulieu.

En 1987 se constituyó en Vélez-Málaga, la fundación que lleva su nombre.

Murió el 6 de febrero de 1991 . La razón poética es la razón que propone María Zambrano, distinta de la razón vital e histórica de Ortega y de la razón pura de Descartes. La razón de Zambrano es una razón que trata de penetrar en los ínferos del alma para descubrir lo sagrado, que se revela poéticamente. La razón poética nace como un nuevo método idóneo para la consecución del fin propuesto: la creación de la persona individual. l ser esta codificado por la palabra poética, esa palabra debe de ser descodificada por la conciencia, y esta a su vez la logra descodificar por el pensamiento poético.

Selección de textos

-El pensamiento vivo de Séneca

A la hora de Séneca, siglo de Cristo, los filósofos poblaban las calles de la capital del imperio. La filosofía de Platón y Aristóteles se había acallado y como detenido, seguía emparedada en una escolástica que parecía impotente para prender en el corazón de los hombres. Era una filosofía que exigía la esclavitud de la mente y un cómo morir en vida

-Los sueños y el tiempo

El sueño es la aparición estática de la vida. Mas como la vida psíquica es en sí misma movimiento, suceso, el sueño es paradójicamente la inmovilidad de un movimiento, el absoluto de un movimiento. Lo cual viene a suceder en el otro polo de la vida humana: en la creación lograda, y especialmente en el arte que es más movimiento que ningún otro: la Música. La Música es el sueño organizado, el sueño que sin dejar de serlo ha pasado por el tiempo y ha aprendido del tiempo, ha aprovechado del tiempo. Y toda vida bien lograda es la que ha pasado por el tiempo y ha aprovechado de él para realizarse más bien sin dejar de ser en su raíz: la vocación, el amor y el conocimiento.

-España, sueño y verdad

Humano, enteramente humano, el arte de Picasso que rehúye lo divino, se adentra en la muerte, colabora con ella en forma bien distinta que Vinci. Esta muerte no es la rendición del espíritu, sino una tragedia resuelta. Es la pasión persecutoria —secreto último de su arte, el daimon que lo espolea— que, al fin, se entrega; consunción de la pasión en ternura. Vigilia que se deshace en sueño; idilio entre la conciencia y la fuente secreta de la vida. Quietud del fauno que aplacado en su furia —erótica manía persecutoria— se aduerme al fin, en una especie de meditación en blanco, vigilado por la mujer, su presa capturada, hecha ya amiga, convertida en su propia alma.

-De la aurora

La noche, en una de sus formas de plenitud es la noche del sentido, cuando el sentido del que está al filo de la muerte, o sobre la muerte como un mar único sostenido, se produce, la salvadora noche del sentido por desolada que sea. Porque entonces se siente, aunque sea pálidamente, que la germinación de lo que la ceguera y la mudez que la oscuridad sin más traería, no es solamente anuncio sino comienzo y razón al par.

-Los bienaventurados

La vida se arrastra desde el comienzo. Se derrama, tiende a irse más allá. A irse desde la raíz oscura, repitiendo sobre la faz de la tierra —suelo para lo que se yergue sobre ella— el desparramarse de las raíces y su laberinto. La vida, cuanto más se da a acrecer, prometida como es al crecimiento, más interpone su cuerpo, el cuerpo que al fin ha logrado, entre su ansia de crecimiento y el espacio que la llama.

-El hombre y lo divino

Las ruinas son lo más viviente de la historia; pues sólo vive históricamente lo que ha sobrevivido a su destrucción; lo que ha quedado en ruinas. Y así, las ruinas nos darían el punto de identidad entre el vivir personal —entre la personal historia— y la historia.

-Porqué se escribe

Escribir es defender la soledad en que se está; es una acción que sólo brota desde un aislamiento afectivo, pero desde un aislamiento comunicable, en que, precisamente, por la lejanía de toda cosa concreta se hace posible un descubrimiento de relaciones entre ellas.

El escritor sale de su soledad a comunicar el secreto. Luego ya no es el secreto mismo conocido por él lo que colma, puesto que necesita comunicarle. ¿Será esta comunicación? Si es ella, el acto de escribir es sólo medio, y lo escrito, el instrumento forjado. Pero caracteriza el instrumento el que se forja en vista de algo, y este algo es lo que le presta su nobleza y esplendor.

-La tumba de Antígona

Sombra de mi vida, sombra mía. Una muchacha yo, nada más que eso. Y ¿lo fui? ¿He sido alguna vez solamente eso, una muchacha? ¿Por qué veo esa sombra?, ¿es la mía?, ¿hay luz de nuevo aquí? No, no es de ahora, no puedo ser esa muchacha de quien es la sombra; ligera, alta, fragante. No lo fui nunca. Y ahora hay otra sombra. ¿Eres tú, hermano mío, que más dichoso que yo, recibido por la tierra al fin, vienes a buscarme? ¿Me traes el agua, los aromas, me darás tu mano para llevarme del otro lado?

-Hacia un saber sobre el alma

Y así me he ido quedando a la orilla. Abandonada de la palabra, llorando interminablemente como si del mar subiera el llanto, sin más signo de vida que el latir del corazón y el palpitar del tiempo en mis sienes, en la indestructible noche de la vida. Noche yo misma.

-El delirio oscuro

Brota el delirio al parecer sin límites, no sólo del corazón humano, sino de la vida toda y se aparece todavía con mayor presencia en el despertar de la tierra en primavera y paradigmáticamente en plantas como la yedra, hermana de la llama, sucesivas madres que Dionisos necesitó para su nacimiento siempre incompleto, inacabable. Y así nos muestra este dios un padecer en el nacimiento mismo, un nacer padeciendo.

-Filosofía y poesía

Y la poesía pura fue a establecer, desde el lado opuesto del romanticismo pero con más profundidad, con más derecho, diríamos, el que la poesía lo es todo. Todo, entendamos, en relación con la metafísica; todo en cuanto al conocimiento, todo en cuanto a la realización esencial del hombre. El poeta se basta con hacer poesía, para existir; es la forma más pura de realización de la esencia humana.

-El origen de la tragedia

Hay, pues, una afinidad entre el autor y el personaje clásicos. Se sacrifican conjuntamente, el uno entregándose a ser visto, el otro entregándose para ver. En este sentido toda tragedia es un sacrificio a la luz en que el hombre se recrea. Y de esa recreación participa el espectador. La luz de la tragedia es una luz no impasible, es la luz de la pasión del hombre, ese ser que ha de seguir naciendo. La luz que deshace la fatalidad del nacimiento. La que penetra en el abismo del tiempo. «Heriré con luz tus oscuras cárceles», dice Celestina conjurando al Príncipe infernal.

Palabras de Hak Ja Han Moon

Sesión Inaugural de la 24ª Conferencia ICUS

23 de febrero de 2018 – Jamsil Lotte Hotel

Seguramente ustedes se preguntan sobre mí. Yo les digo a todos los líderes del mundo y a los miembros de la Federación de Familias: "Tenemos que conocer bien a Dios". Les digo que el camino para resolver todos los problemas actuales que aquejan al mundo, la solución, se encuentra en conocer correctamente a Dios, el origen del universo.

Estoy explicando sobre cómo se puede construir un reino terrenal de paz, en el que se viva atendiendo a Dios en nuestro hogar, en nuestro país y en el mundo. El mundo entero, hoy, llegó a percibir una abundancia gracias al desarrollo de la civilización y de la ciencia. Pero, por otro lado, nos deja a nosotros muchos puntos problemáticos. A esto, veo que este es un momento en que se necesita el esfuerzo de ustedes, los científicos.

Cuando Dios creó todas las cosas, desde el mundo mineral a los mundos vegetal u animal, los creó con iones positivos y negativos, estambres y pistilos, machos y hembras, y creó a un hombre y una mujer, ambos sexos, para ser los antepasados de la humanidad. Siendo así, también la esencia de Dios es así; Dios no solamente es padre, Dios es padre y madre.

Al ser humano le dio una responsabilidad, le dio un periodo de crecimiento para que vaya madurando. Y Adán y Eva, que podían llegar a ser los antepasados (buenos) de la humanidad, no fueron capaces de unirse con Dios durante su proceso de crecimiento.

Se volcaron a sí mismos, se volvieron ambiciosos. Nació en ellos una ambición: "Yo también puedo ser como Dios". Y eso dio origen a este mundo caído, que nada tiene que ver con Dios.

Aun así, la mente original del ser humano siente deseos de retornar a Dios. Por ello surgieron las cuatro grandes religiones mundialmente. Pero también esas religiones, para ser precisos, no conocen a Dios. Dios se manifiesta visiblemente en los antepasados de la humanidad, manifestándose en Padres Verdadero deseando abrazar a la humanidad. Ese fue el sueño de Dios.

Estableció los principios de la creación de modo tal que no se cumple sin la cooperación del ser humano. El mundo natural cumple bien sus ciclos, según los principios de la creación. Pero, por la ignorancia humana, por la ambición humana, es un hecho que este mundo natural está siendo destruido. Dios no puede quedarse solamente esperando sin hacer nada.

Por eso el Cielo busca Padres Verdaderos que puedan tener victorias como seres humanos sin pecado, que puedan llegar a ser los antepasados de la humanidad. Ese es el "pensamiento mesiánico" del cristianismo. ¿Por qué se necesita al Mesías? Porque el ser humano caído, por sí mismo, no puede ir ante Dios. Si no se vuelve a nacer de la mano del Mesías, no se puede llegar a ser un hijo o hija de Dios.

Por eso es que la Divina Providencia es solitaria y desdichada, porque Dios tiene que conducir la historia providencial de restauración por indemnización. Eso demandó un periodo de seis mil años. ¡Cuán difícil habrá sido ese camino que le llevó seis mil años!

No puedo explicar aquí todo el fondo religioso, pero Dios bendijo a este país para encontrar aquí al unigénito y la unigénita, y que ellos llegasen a la posición de Verdaderos Padres. De modo que, de la mano de las familias bendecidas renacidas de los Verdaderos Padres, amplía ese fundamento. Yo quiero decirles a ustedes que la Providencia de anunciar a los Verdaderos Padres ante los 7500 millones de personas de la humanidad está activamente en curso

Cuando observamos la realidad actual no encontramos esperanza: conflictos religiosos; conflictos étnicos; conflictos territoriales, ideológicos; en todo aspecto se está yendo por un camino que no conduce a la unidad. Hay cerca de 200 países afiliados a la Naciones Unidas. Pero también es el caso que, como los países que participan en la ONU piensan primero en su propio beneficio, no logran la unidad. Esta es la falta realidad actual.

¡Cómo se puede resolver este problema! No hay otra respuesta que el camino para que la humanidad encuentre a los Verdaderos Padres perdidos. Todos los países del mundo pueden hermanarse ante los Verdaderos Padres. Pueden llegar a ser hijos de Dios. De ser así, cuando quienes están en la posición de padres les propongan si no será posible resolver tal problema de tal manera, sus hijos del mundo digan: "Así es, esa es la respuesta que esperábamos". Sería así.

Hace unos momentos les dije que el planeta se está deteriorando mucho por la ignorancia humana. Es cierto. Aun hasta hace unos pocos años atrás, no sabíamos que la contaminación era tan grave. Dado que el progreso de la ciencia está inclinado hacia un solo lado, esto es mal utilizado; se está utilizando para general un poder destructivo. En una palabra, ni la humanidad ni el planeta tienen futuro. Tampoco ustedes desearán eso.

En el principio Dios creó este hermoso planeta porque tenía un sueño y colocó al ser humano en el centro de es sueño, así que no

podemos permitir que por el hombre se arruine el sueño de Dios. Por eso es que yo estoy haciendo muchas cosas mundialmente. Yo soy la hija engendrada de Dios, la madre del universo. No puede ser indiferente. Mientras yo esté en este mundo, quiero darles esperanzas de un futuro sano para el planeta, como Dios lo creó, y de un camino sano para la humanidad.

La responsabilidad de ustedes es importante. Por ejemplo, como lo es el caso de mariposa monarca, que posee un pequeño cuerpo de apenas 3 cm, ¿cómo es posible que con sus pequeños movimientos vuele cada año, repetidamente, el largo viaje desde Canadá hasta México? ¿Quién les habrá enseñado en cuál dirección volar? Ellas, en su viaje de Canadá a México, deben atravesar muchas dificultades. Debe costarles muchos sacrificios; aun así, ella viajan.

¿Y qué hay del veneno innecesario para el humano? Pero, en pequeñas cantidades, puede ser un remedio. Dios nos ha dado el método para contrarrestar el veneno. Les estoy dando estos ejemplos con la intención de decirles que el Cielo nos da el método para corregir aquello que se distorsionó con el progreso de la ciencia.

La labor y los esfuerzos de ustedes son la esperanza del futuro, de la humanidad. Quiero decirles que tengan presente que los esfuerzos de ustedes pueden llegar a ser una alegría para el mundo natural, y que pueden retribuirle alegría, júbilo y gloria al Dios Creador. Y tengan en mente que una nueva historia se está desenvolviendo en esta nueva era. En este sentido, les pido su activa cooperación y que aporten sus esfuerzos.

www.ingramcontent.com/pod-product-compliance
Ingram Content Group UK Ltd.
Pitfield, Milton Keynes, MK11 3LW, UK
UKHW021909190726
13853UKWH00002B/579